學風水一本就上手

王信宜 Eric Wang 著

EASY STEPS TO FENG SHUI

頂禮感恩古今風水前輩開示風水智慧

也感恩父母與妻子的鼓勵與護持

推薦序

與王信宜君相知多年，對王君的學習研究精神實為讚嘆。王君鍾愛風水研究，中英文風水藏書上百冊，經常埋首研究到半夜。他對於風水的見解，有相當獨到之處，也經常為周遭朋友的家居風水指點迷津，讓人受益匪淺。那種知行合一的精神，令人甚感佩服。

王君是紐西蘭的持牌執業中醫針灸師，在紐西蘭的中醫界頗有聲望。他對中醫的針法有深入的研究與實踐，並體悟出一套「王氏臟腑全息針法」。多次在紐西蘭「新西蘭中醫針灸學會」(NZCMAS)，對在座的中醫師發表分享其獨特針法，並在當場為多位有肩背痛的中醫師進行治療，下針不到十秒，患者們疼痛驟減，驚豔全場。

王君以著這種研究學問的態度，很紮實地進行風水的研究，不人云亦云。以科學、心理、文化、迷信等層面，對於一些不屬於風水內涵的現象，進行剖析說明。由於他對中醫有著深刻的體悟，讓他更能結合風水與中醫的思路，為居家風水進行深入的五行調整布局。

這本《學風水一本就上手》的出版，實在是讀者的福氣。王君以深入淺出的筆觸，像與朋友聊天般地將風水的精妙娓娓道來。能讓原本不懂風水的讀者，很快地就能掌握風水上巒頭和理氣的知識，不會被一些似是而非的時下觀念所迷惑。他所提供的方法，非常簡單易懂，容易上手操作。

在本書第陸篇、《座向判斷篇》中，王君公開分享自己所體悟出的一套整合及創新的座向判斷原則，清楚合乎邏輯，讓人一看就懂，對讀者裨益甚大。第拾篇、《風水實戰篇》，可說是濃縮版的風水教戰手冊，也可以讓讀者為自家做風水檢視，這也是本書的特色之一。

人生三不朽：立德、立功、立言。王君在風水上的學習體悟實踐，能不吝與讀者分享，對建立及推廣風水的正知正見，有許多真知灼見的貢獻。值此出版之際，身為好友的我，與有榮焉，樂為之序。

紐西蘭持牌執業針灸師 張家榮

2020 年於紐西蘭奧克蘭

自序

筆者在就讀中文系時，系上教導我們易經的江老師，精通命理術數。有一回在教室外的走廊告訴我說，「信宜，你的面相有奇人之相。」並且告訴我說，有奇人之相的人，很適合做「山、醫、命、相、卜」的工作。那時雖然覺得老師的說法很有意思，但心裡頭卻狐疑地想，我念中文系，怎麼可能會從事風水、中醫、命相、卜卦之類的工作呢？

但人生種種不可思議的奇妙機緣，當時空因緣聚合時，原本認為不可能的事也會發生。筆者畢業後，曾在台灣擔任了八年的高中國文老師。因機緣移民到紐西蘭，正式學習中醫，成為當地的執業中醫針灸師。光陰荏苒，一晃眼已十幾個年頭，而後也投身風水的學習與實踐。回想當初對老師的話不以為然，現在卻一一應驗，也許這就是人生的宿命與使命因緣吧！

踏上風水研究之路，更是一種特殊機緣。筆者的內人，對風水節目甚感興趣。有一次她把家中的沙發做一番調整，說沙發要靠實牆，背後才有靠山，也才不會犯小人。之後我們一起觀看了許多風水節目，意外地開啟了筆者對風水的興趣，從此踏上風水的學習與實踐之路。

在研究風水的過程中，筆者做了廣泛地閱讀和深入思維，研究其中的真實性、科學性和邏輯性。由於執業中醫多年，對五行八卦、中醫針灸有所探討研究，而中醫和風水又同樣根源於《易經》，有其共通的部分。有了中醫的根底，也加速了筆者對風水的體悟。

比較特別的是，因為筆者居住在紐西蘭，因此在風水的問題上，也特別思索傳統的風水理論與操作，該如何調整，才能夠讓當地洋人接受，將東方的風水精髓，以西方人能接受的方式呈現。風水的調整，應該要符合普世適用的原則，以東西方人都能接受的方式，來體現風水之道。

本書特別針對風水初學者而寫，以深入淺出的筆觸，簡單易懂的方式，讓對風水有興趣的讀者能夠快速上手。了解什麼才是真正的風水，且針對許多時下以訛傳訛、似是而非的風水觀念，提出了筆者的看法。

透過表列圖示的方式，讓讀者能夠一目瞭然，很快就可清楚掌握重要的風水知識及操作方法，可用來檢視並調理自己的居家風水。

希望透過本書，能幫助讀者對風水產生正知正見，並透過本書所提供的知識和方法，能為自己布置出一個藏風納氣的風水好格局。

紐西蘭持牌執業中醫師暨風水諮商師　王信宜 謹識

2020 年於紐西蘭奧克蘭

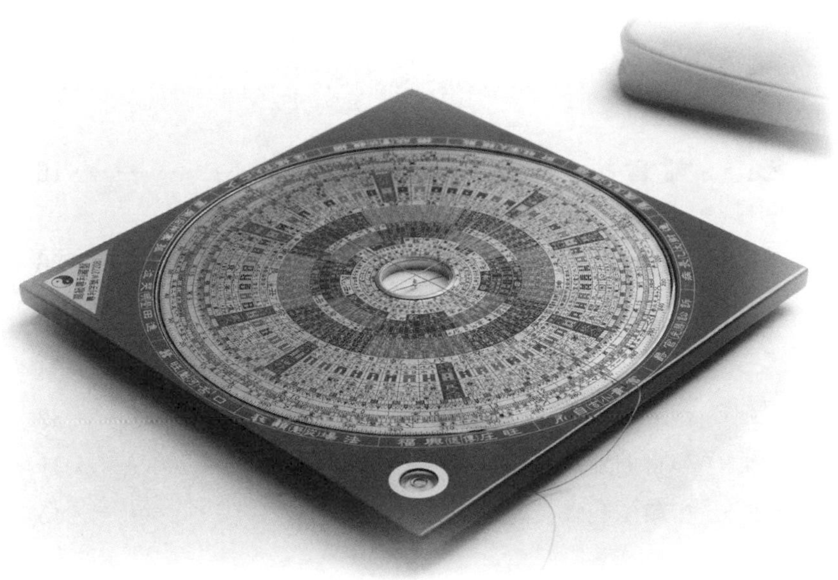

目錄

壹

前言

壹、前言

風水書籍琳瑯滿目，常常使風水初學者不知如何做選擇。如果沒有一定風水知識基礎的人，實在難以判斷那些風水書籍適合自己。

有些風水老師學富五車，想將自己師承門派的學說做一番闡述，但書中義理極為深奧，用字遣詞太過艱澀，往往讓初學者望而生畏。讀沒幾頁就頭暈目眩，只好放棄，將書擺著當裝飾品，感嘆且懷疑自己不是學風水的料。

但其實是因為沒有找到一本適合自己的風水入門書，才會覺得對風水的理解似乎遙不可及。

本書正是為對風水有興趣，但又不得其門而入的讀者所寫，是一本簡單易懂，而且容易操作上手的風水入門書。

時下坊間風水說法眾說紛紜，風水商品琳瑯滿目，著實會令一般民眾眼花繚亂，不知孰真孰假。

這其中當然有功力深厚的大師們無私地分享，他們的真才實學，讓人尊敬效法。但無可諱言地，也存在著胡亂吹噓，藉著哄抬風水物的神奇，想趁機大撈一筆的江湖術士。

研究風水，必須要回歸真正的風水內涵。要思考我們所接收到的資訊，究竟是屬於真正的風水內涵，還是屬於文化或是迷信的產物，或只是被商人操弄的商品廣告。

唯有自己研究風水，才不會被人牽著鼻子走，避免花了許多冤枉錢，卻了無實效。但是研究風水，也必須循序漸進，由淺入深。只要是看過一些風水實境節目的讀者，基本上都可以說得出穿堂風、牽鼻水、天斬煞…等等名詞，但再深入點的風水問題，就說不太明白了。

風水上的派別極多，就算在同一玄空派別中，某些觀點及使用的方法也有極大的差異性，讓初學者往往無所適從。

在風水之學上，雖然筆者所使用的方法，是玄空飛星學派的思路及方法，但筆者沒有預設立場，所有的風水老師，只要是講得有道理的，都值得學習。但也因為筆者沒有特別的師承，除了可以廣泛地向眾多老師學習他們的優點之外，也不會受限於該門派的思路，對某些筆者不太認同的觀點，也可以提出質疑的看法。

身處在門派當中的弟子，當對老師所教授的內容有所懷疑，向老師請教的時候，有些老師可能會說，這是仙師所傳下來的，沒有任何理由也不容懷疑。

當然，對老師或師父所說的話有信心，在傳統師承的教導系統中，無疑是一件重要的事。如此才能虛心學習老師的教導，運用起本門的心法及方法時，也會較有信心。但老師所說的，真的就百分之百的對，沒有任何值得懷疑，或是該修正的地方嗎？

筆者所見，時下的風水說法，很多已經脫離了風水的實質內涵，存在許多以訛傳訛，或是穿鑿附會的現象，或只是文化上的心理暗示。

真正風水上的意義，應該具有普世適用的價值，走到那裡都行得通。而文化上的心理暗示，運用在風水上，不能說它錯，但較有侷限性，僅限於某些地區的文化或信仰背景。

譬如說有些風水師提到客廳的燈泡數，不要用三盞、四盞或七盞。因為三的諧音是散，四不吉利，七的諧音是淒（涼）。然而這些都不屬於風水的意涵，而是屬於文化心理層面上的自我暗示。

試想看看，這些說法到國外適用嗎？這些中文的諧音對外國洋人有意義嗎？以紐西蘭當地洋人而言，七反而是好數字 — 幸運七（Lucky Seven）。對他們而言，不好的數字是十三，來源應該是十三號黑色星期五。

目前坊間有眾多的風水書籍，有一些看起來太過深奧，讓一般讀者望之卻步，有一些說法則自相矛盾。有些書籍因為囿於門派知見，或是人云亦云，沒有深入去思考風水的道理，而產生了一些沒什麼道理，或似是而非、以訛傳訛的看法。有些書則是故弄玄虛，故意提到又語帶保留，令人觀感不佳。

因此本書的寫作，就是要透過清楚簡單的方式，帶領讀者了解風水的重要觀念，建立起風水的正知正見，不再被誤導。

每本書的寫作，有它的重點部分。因為本書是一本風水入門書，因此在陰陽五行八卦，及各派深奧的學理上，不做闡述。而各種煞氣的介紹及化解之法，與居家風水擺設…等等，市面上的風水書籍，也介紹得很詳盡了，本書也不在這些方面多做陳述。

但目前的風水書籍，比較缺少對風水的爭議問題提出解釋，或深入分析的書。因此本書的特色及重點，會針對風水上許多爭議性的問題或迷思，做更深入的整理剖析，讓讀者們能有更整合性、全面性的理解，不只是知其然，也要知其所以然。

本書的闡述方式，是設定在適合剛接觸風水的讀者入門讀物，但同樣也適合風水界的同好，透過個人的拋磚引玉、腦力激盪，提供筆者的思路看法，能讓大家將風水問題深入思索品味。

如古代的房子大多是平房，大門通常就是最大的採光面。但現代的建築有許多公寓大樓，大門的位置不一定等同於宅向，因此在判斷座向時，需要就實際狀況判斷。在本書中，筆者也會提出一套筆者整合及體悟出的判斷步驟及方法。讀者在按照這套方法操作後，相信就不會對座向的判斷感到迷惑了。

本書中，也將一些風水上各家看法不同的問題，如風水是否要配命、魚缸擺放方位、在南半球羅盤是否要顛倒來看、化煞物的功效…等等問題，做一番探討。不同風水老師的看法往往相當分歧，確實讓學者無所適從。本書會提出筆者的看法，以作參考。

另外風水的觀念，也應與時俱進。古代有著男主外、女主內，及重男輕女的觀念。但是到了現代，社會環境已經大不相同。在做風水檢測時，也需將這些因素考慮進去。譬如一間房子的外環境虎邊高於龍邊，或虎邊建築物高或多於龍邊時，能說這間房子一定不好嗎？只能說這是一間適合女性事業發展的房子，或女性貴人多於男性貴人，女性會承擔較多的責任。委託人花錢請我們看風水，你告訴他們說，這樣的屋子內的男人會吃軟飯，老婆會打老公，這樣恐怕不太合適吧！

在本書中，筆者也會將玄空飛星的理論及實際操作方法，與讀者分享。以及在為委託人做風水諮詢時，筆者個人的風水操作步驟守則，讓讀者可以作參考。為自己的居家風水進行布局，把深奧的學理變成簡單易懂，能輕鬆上手的操作。

在看完這本風水入門書後，讀者就能明白風水的概念及如何實際應用操作。對一些似是而非的風水觀念，也能有辨識的能力。但如果想要更加深入，還是得廣泛地閱讀風水書，多增加巒頭及理氣方面的知識，才能更加得心應手。

風水雖然重要，但在天時、地利、人和中僅佔其一，我們需以人為本，思考風水的終極意義。外在的風水調整固然重要，但也要體悟不只是要改變調整外在風水，也要調整改變居住者的內在風水。唯有內心的淨化，再加上行善積德的效果，才能境隨心轉，福人居福地，達到真正的趨吉避凶。

「趨吉避凶」是調理風水的重點，但一般人往往將重點放在地理如何影響人，比較忽略人也會影響地理的層面。其實人的心念，也會影響到自己的吉凶禍福，並改變地理磁場頻率。

雖然地理的磁場，也就是居住環境的原本風水，會影響居住其中的人。但住了一段時間後，居住者的心念善惡或修為境界，也會改變居所的地理磁場，這就是磁場的交互影響。這是因為居住者本身認真修行，而且能經常反省觀照內心、行善積德。這樣的人，就是福人，走到那裡，那裡就是福地。

但對一般人而言，仍然以地理或社會環境影響個人為主。所以才需要藉由風水的調理，來改善運勢、趨吉避凶。

風水的調理可以發揮到「術」的層面，但也可以到「道」的境界。術法有其限制，理解到道的層次，才能真正自在而身心安頓。

人世間的富貴窮通，對人生的際遇有極大的影響，這也是為什麼世人總是追求趨吉避凶。但在追求的過程當中，如何能廣修福德善業，避免得到一時的名利財富，卻也造下許多惡業。

《心命歌》中提到：「心好命也好，富貴直到老」。想求富貴，除了先天命格及運勢之外，個人姓名和風水也會產生相當的影響。但個人的心地與修持也非常重要，不然再大的富貴權勢也是短暫的，甚至會帶來災禍，即《易經》所說的「德不配位」。

面對居家風水中的種種煞氣，及生命中各種不可知的災殃，相信「日日行善，福雖未至，禍已遠離」，這才是風水中「趨吉避凶」的真諦。

風水界中百家爭鳴，各放異采。儘管大家意見不同，但其中都有值得學習參考之處。風水之道和武術之道一樣，雖然思路方法不同，但實踐的效果才是王道。

一門學問或方法，能流傳至今，尚未被淘汰，肯定有它值得被學習之處。風水的派別極多，無須相互攻訐，別的門派的法門，我們沒有深入去學，怎麼有資格說它的方法好或不好呢？

有興趣的讀者可在諸多風水法門中，找到與自己較契合有緣的法門，加以深入實踐。透過對該法門的專精研究，日久薰習，不斷體悟實踐，才能真正深入而功力精純。有句話說：「不怕你的對手練了一萬種不同腿法，就怕你的對手專注一種腿法，練了一萬次。」說的真是令人拍案叫絕。這也是在說一門深入薰習，日久精純的道理。

由於筆者才疏學淺，寫作過程中，可能會有謬誤或錯誤的理解之處，但是抱著野人獻曝的心，與讀者們分享筆者的風水學習實踐心得。書中不做過多的學術性探討，不用艱澀的風水專業術語。藉著聊天的方式，與讀者們聊天、聊地、聊風水。在輕鬆的氛圍中，一起徜徉在有趣的風水世界裡。

貳

風水基礎篇

貳、風水基礎篇

晉人郭璞所著的《葬書》開卷第一句話說：「葬者，乘生氣也。」這樣一句開宗明義的話，就如同《大學》一書，「大學之道，在明明德，在親民，在止於至善。」開宗明義的首段，點出全書重點綱要一樣。

《葬書》的這一段話，點出全書的宗旨，生氣就是一種具有生機的氣，與死氣相對而言。也就是安葬的地點，要找到具有生機，能藏風納氣之結穴點。當然這種大原則也適用於陽宅，也就是活人居住的地方，要找到能藏風納氣的好處所。

所以說風水之學，是要找到富有生機，充滿生氣的風水寶地，讓往生的祖先能庇蔭子孫，也讓在世的人能夠安身立命，並且「趨吉避凶」的一門專業學問。

「趨吉避凶」是人的本能反應，所以為何我們會避開危險之地？ 為何要選擇依山傍水，風景秀麗，便利舒適安全之處？ 不管我們相不相信風水之說，這些都是在日常生活中，風水上的「用」。也正如《易經 • 繫辭》所說：「百姓日用而不知」，我們天天活在風水的實踐運用當中，卻不知道那就是風水的一部分。

當運勢好的時候，就容易買到風水好的房子，家中的擺設，也較會契合好風水的標準。但當運勢低落又剛好遇到要買房子的時候，可能就會買到讓人破財，或引發健康問題的房子。

而家中髒亂擁擠，運勢肯定走下坡，因為氣場混亂，無法「藏風納氣」。反過來說，當運勢低時，頭腦不清，無暇顧及家中環境，家中就容易雜亂不堪，這也是互為因果的惡性循環。

正因為風水有它的科學性、實用性和合理性，在西方國家也逐漸推廣開來。風水看似玄學，但它的本質是科學，而表現的方式是一種平衡的美學。居家的內外環境不當，會影響人的磁場及身心靈狀態。形象上看到的是居家格局與物品擺設，但無形象的是其中的磁場能量及頻率，影響著居住者。

在談到其他風水理論之前，我們先來認識一些風水的基本概念。

一、藏風納氣

晉人郭璞所著的《葬書》：「氣乘風則散，界水則止，古人聚之使不散，行之使有止，故謂之風水。」這段話廣泛地被後人所引用。「風水」的名稱原本稱為「堪輿」，「堪」指天文，「輿」指地理。也就是指風水師能仰觀天象，並能尋找辨識龍脈水口。

而在郭璞《葬書》這一段話之後，「風水」一詞漸漸廣被使用，「堪輿」一詞反而較少人提及了。在郭璞的這一段話中，說明有種具有生命能量的氣，遇到強風、疾風就散了，但遇到水就會停留。

風是氣的載體，只是一個交通工具。微風、和風、徐風能載氣。古人《南風歌》中提到：

「南風之薰兮，可以解吾民之慍兮；
　南風之時兮，可以阜吾民之財兮。」

意思是「南風清涼陣陣吹啊，可以解除萬民的愁苦；南風適時緩緩吹啊，可以豐富萬民的財物。」

可見和風徐徐，不但能讓人身心舒暢，忘卻煩憂。在這樣風調雨順，舒適的環境下工作，也比較有幹勁，工作效率高，收入自然增多。所以一個好的氣場環境，不但對身心有幫助，也有利於聚財。

若是強風或寒風襲來，肯定會帶來許多身體的疾病，如頭痛或受風寒，好的能量就不易聚集。

由此可知，風不等於氣。徐徐的和風，對生命之氣而言，是一種好的搭載工具。但那種像雲霄飛車或飆車族的強風、疾風，就不是好的交通工具，會將氣吹散，而無法產生生機。

因此，要找到可以聚氣的地點才是關鍵。氣要能夠流動不凝滯，但也要能蓄積停留，這才是風水上「藏風納氣」的真義。

藏風納氣好風水

風水上講究「藏風納氣」，簡單的理解就是，居住的環境要能聚氣，若不能聚氣，則會財散人不聚。以外環境而言，房子的四周圍在適當的距離內，要有適當高度的山陵或樓房遮擋，讓房子不受強風吹襲，氣才不會四散。

對於房子的內環境而言，常聽到的風水諺語「陽宅第一凶，最忌穿堂風」，講的也是這個道理。若是打開大門，就看到整面陽台，代表氣一進到家中，就因強烈對流，直接從陽台洩了出去。或是兩面牆的大落地窗相對，也是同樣的狀況，氣很容易散掉，這種煞氣就稱為穿堂風。

兩面落地窗相對，採光雖好，但容易散氣

在風水上對穿堂風的化解法，會採取在進門處設玄關，或放置屏風，或擺放植物，或在落地窗前用厚重窗簾遮擋，窗簾遮擋的寬度，需達整個手臂的範圍。這樣的目的，就是要讓氣在家中能停留更長的時間，增強家中的能量。

因為氣具有穿透性，它可穿過透光與透氣的材質。因此屏風必須是不透光、不透氣的材質，而且要大於門的寬度和高度，才能讓氣改道，達到效果。

可藉屏風化解穿堂風

而氣的另一個特性是「界水則止」，也就是遇到有水的地方，氣就會停蓄在那裡。這也是為什麼有些風水師會建議擺放魚缸，原因之一也是在藉由魚缸中水氣蒸騰氣化的動能，產生水牆而藏風聚氣。

那麼我們來思考一個問題，因為氣會界水則止，而人的身體有百分之七十的水，那麼家中的氣，是不是會因為人身體內的水，而停留在人身上呢？答案是肯定的。因此當居家環境的氣，停留在人的身上時，這個氣的好壞就相當重要，是吉氣還是煞氣，對一個人的健康及財運，會產生相當大的影響。

當風水環境不佳時，對居住者的健康和財運，會產生不利的影響，這是有因果關係的。當一個環境的氣場不佳時，人體無法吸收好的微波能量，就會對身體的氣場產生不良的影響。頭腦會思慮不清，就容易做出錯誤的判斷，整個身心靈的穩定度和人際關係也會變差，從而影響到自身的財運和事業發展。

因此，如何營造出家居環境中「藏好風、納吉氣」的好氣場，就非常重要，攸關家人的健康和財運。

二、山水是否有情

好的風水環境是大家所追求嚮往的，所謂好山好水、山明水秀，居住環境要找富山貴水，不要窮山惡水。「山管人

丁水管財」，意味著山的好壞影響人丁的興旺與健康。而水的好壞，則影響到財運。住在好山好水中，才會地靈人傑，財運亨通。

富山貴水，地靈人傑

依山傍水好風水

那什麼是富山貴水呢？富山是指「有情山」，一座山草木蓊鬱，代表這座山有水氣的孕育，有好的氣場能量。對居住其間的人，會產生保護的能量。又如住宅後的山巒秀美，就是玄武有靠，代表有貴人扶持。若是山峰嶙峋光禿，即為「無情山」，居家環境面對無情山，風水上認為家中就容易出匪類。

好的水稱作「有情水」，要求水質清淨，氣味清新，水流安靜，要蜿蜒曲折，如玉帶環腰般的彎抱水。古人形容這個水流蜿蜒曲折的狀態，就像水流離開家門時，還不斷地向家門方向顧盼流連，不忍離去，非常深情。而這個玉帶環腰的彎抱水，則是指水流彎曲，像古代當官的人，腰上的玉帶環繞一樣，彎曲的部分，像是擁抱屋宅的狀態。有以上特徵的水，就統稱為「有情水」。

相對地，若水質汙穢，氣味腥臭，水聲嘈雜，又有反弓，也就是水流像彎弓一樣流經家門前方，但不是在彎曲擁抱的那一側，而是在面對彎道突出的那一側。河道突出的位置，剛好是向著家門的位置。或是有水流沖射等問題，也就是水流像箭一樣直線沖射家門前方位置，或是橫向水快速流過家門前。有以上特徵的水，就統稱為「無情水」。其中包括了臭味的味煞，噪音的音煞，反弓沖射的形煞。

以上不管是以風水或是以科學的角度來分析都很合理，一座山若是光禿禿，意謂著「水不涵木」。山體中的水源無法供應山林中的樹木植被水分，一座沒有水的山，基本上能量已經枯竭。另一方面，如果濫墾濫伐，也會產生水土保持的問題，容易出現土石流的危機，當然會對居家的風水，產生不良影響。

水質的清澈甘甜，是居家良好風水的必備條件之一，從古至今，生活中缺少不了飲用水，水的好壞對人的生命延續影響巨大。若居家附近有工廠排放廢水，或附近池塘的水不流動，就會產生臭味，味道令人難以忍受，對人的健康有極其負面的影響。在這種混濁的氣場中居住，思慮自然不清，容易導致錢財不聚，甚至有大破財的危機。

若流水聲大，這也代表了水流離房宅太近，房宅的地基容易有被侵蝕之虞。這種嘈雜的水流聲，讓人聽了容易煩躁。若是水流、游泳池或池塘離家太近，房宅直接映照在水面上，形成房宅上下顛倒的影像，風水上稱作「血池照鏡」。這個名詞聽起來非常駭人，風水上認為容易招陰，會導致家運敗壞，家人精神狀況會變差，且容易發生意外。以實際而言，如果水流、池塘離家太近，也有發生意外跌落之虞。

而水流快速會造成不聚財的結果。所以有些河道工程將河流截彎取直，對風水也是會造成影響的。為什麼水流快速會導致不聚財呢？ 我們把水流想像成道路的話，快車道兩旁的商店生意為什麼不好，因為車速過快，有車潮但沒有人潮。只有慢車道或是有行人步道的商圈，人潮才會聚集，有人潮才會帶來錢潮。因為人行速度緩慢，才會停留在店鋪消費。因此蜿蜒的有情水才會聚財，快速橫流的無情水無法聚財。

湍急的無情水

三、四靈山訣

風水上常可聽到的四靈山口訣：「左青龍、右白虎、前朱雀、後玄武。」這說明了如何找到風水寶地的基本大法。這是風水入門的根本大法，也是至理名言。

以陽宅而言，最理想的風水寶地應該是，房子前方的「朱雀方」要空曠，此處稱為「明堂」。但前方稍遠處要有山丘或樓房屏障，古代稱為「案山」；更遠處要有更高的山陵或樓房，古代稱為「朝山」。案山和朝山的作用，是要讓氣聚於明堂之處。

明堂開闊，前有案山、朝山

屋宅左邊的山丘或樓房，稱為「青龍山」；屋宅右邊的山丘或樓房，稱為「白虎山」。理想的狀況是，青龍山要高過、長過白虎山，左青龍右白虎對屋宅成擁抱護衛之勢，將氣聚在明堂中。屋後要有較高的山丘或樓房當靠山，稱「玄武山」。

原則雖然是如此，仍要注意比例原則。朱雀要空曠，但若太空曠沒有屏障的話，就會洩氣，無法藏風納氣。屋前需有案山、朝山，但不能太近，太近就會開門撞山壁，容易短視，不利前途。屋後要有玄武做靠山，但若玄武太高，稱作「玄武高壓」，意味著職場的長官或家中的長輩高壓，事事要下指導棋，自己難以發揮。

傳統風水上的說法，青龍主貴人，白虎主小人。青龍要高，白虎要低，才符合好格局。但白虎邊也不可全無屏障，或低到下陷的程度，會導致沒有女性貴人相助，氣場不均衡。

風水和中醫及其他的學理，其中一定有最根本的學理，不管各門派都會承認的部分，但也有比較深入及分門別支的研究。對一般人而言，那就屬於比較艱澀而難以理解的部分。

但淺顯基本的東西，是不是就是很粗淺呢？ 其實不然，淺顯的東西，就是因為它的使用簡單、清楚明白，而且效果良好，就如同左青龍、右白虎的四靈山訣一樣。

筆者學習了許多中醫理論，有些特別精深或冷僻的理論，從學習到現在，從來沒用過，照樣不會影響醫治病人。很多針灸師，當掌握了針灸的精髓之後，平常會使用到的，也就是那幾個穴位靈活變化，已經足夠治療一般病症了。

同樣在風水上，也有許多精深的學理，是不是都要懂，才能看風水呢？ 筆者認為倒不盡然。但該掌握的基本重點必須要能掌握，而且要會靈活運用，不要讀死書。千萬不要學了許多精深的學理，但在運用的時候不知道要用那一個，甚至連四靈山訣的基本法則都忘了先考慮，這就本末倒置了。

四、如何判別龍虎邊

大家常聽到「左青龍、右白虎」，可說是耳熟能詳琅琅上口，但究竟如何看龍虎邊呢？ 現在筆者就透過圖示，讓讀者清楚了解龍虎邊的判斷法：

1. 門的龍虎邊：

從屋內往外看，面對大門或陽台，左手邊是龍邊，右手邊是虎邊。

大門的龍虎邊

陽台的龍虎邊

所有屋內的門的龍虎邊判斷法都是如此。

2. 書桌沙發的龍虎邊：

坐在書桌、辦公桌、沙發的椅子上，左手邊是龍邊，右手邊是虎邊。

3. 爐灶的龍虎邊：

背貼近瓦斯爐開關點火處，也就是背對爐灶往前看，左手邊是龍邊，右手邊是虎邊。

4. 神桌的龍虎邊：

背對神桌往前看，左手邊是龍邊，右手邊是虎邊。

5. 床的龍虎邊：

躺在床上，左手邊是龍邊，右手邊是虎邊。

五、巒頭派和理氣派

在風水書籍中，常可見將風水派別分成巒頭派(或稱為形勢派)和理氣派。在英文的風水書籍中，分別被翻譯為 Form School 和 Compass School。將理氣派翻譯成羅盤派 Compass School，西洋人較容易理解，而且在運用理氣派的方法時，一定會使用到羅盤。

本書作為介紹風水的入門讀物，僅簡單提到巒頭派及理氣派的名稱，不對各派別做深入的介紹。

簡單地將風水派別分為巒頭派和理氣派，這種劃分只是讓初學者比較容易了解，但實際上的運用，卻不可能一刀切，必須相互整合融會運用。

在風水上，提到有關龍脈水口或山形像龜山、蛇山，或天斬煞、路沖等煞氣，是屬於巒頭派的內容。而提到東西四命、找流年財位、文昌位、桃花位…等，則是屬於理氣派的範圍。

但基本上還是以巒頭為體、理氣為用。沒有好的巒頭，再好的理氣也發揮不出作用。在風水上有個說法，「七分巒頭，三分理氣」，說的就是巒頭的重要性。

七分巒頭，三分理氣之說，以烘出好的咖啡豆為例，咖啡豆的品質與產地的緯度、氣候、土質有很大的關係。如果豆子的品質不好，就算是有再好的烘培、沖泡技術，也難以沖泡出好的咖啡。正所謂「巒頭不真，理氣無用」。

好的巒頭，再配合上好的理氣，就如同好的咖啡豆，配合上精良的烘培、沖泡技術，就可以沖泡出一杯有「天使的尾韻」的精品咖啡。而醜惡的巒頭，再加上不良理氣，像是劣質咖啡豆，加上劣等的烘培、沖泡技術，就是一杯有「魔鬼的尾巴」的劣質咖啡。

風水上講巒頭的重要，除了室內外格局對磁場的影響之外，另一方面也是因為外在的巒頭或家中的格局擺設，是眼睛看得到，也比較容易理解的。而且相宅如相人，看宅相也就如同看人相，只要講得合理，就有說服力。但理氣是眼睛看不到的，如果不是在委託人相當信任風水師的情況下，就容易有半信半疑的狀況產生。

但巒頭和理氣在實際的運用上，還是要整合性地使用，所謂「巒頭無理氣不靈，理氣無巒頭不驗」，「體無用不靈，用無體不應」。不好的巒頭，就是一種煞氣，會發散出傷害性的負面能量，但卻不一定會馬上發生凶應。如配合上理氣的計算，就能預測何時會發凶，有什麼影響，可以幫助委託人提早預防化解，做好「趨吉避凶」。

參

風水化煞篇

參、風水化煞篇

各類風水書上所談的煞氣極多，要是每樣都當真，那真的很難找到人可以住的地方。曾有一本風水書提及，有人學了一、兩個月的粗淺巒頭風水，就開始看風水。進門之後，隨便對人說了幾個煞氣名，就說會有破財、漏財、血光之災、健康問題。講得人心惶惶，急忙掏出錢來，尋求化解之道，再對被嚇到一愣一愣的「苦主」，高價販售宣稱經過大師開光的化煞物，謀取暴利，這真是江湖術士的行為。自誤誤人，無形中不知造了多少惡業。因為風水界存在著這種良莠不齊的狀況，也造成某些人對風水有負面的看法。

找人算八字，八字先生說得準不準，很容易辨識。因為批完八字後，八字先生總是要提到，你過去在那一年曾發生過那些事，譬如發生意外、血光、離婚、生了幾個孩子…等等。這些曾發生在你自己身上的事，可以被驗證，也藉此可以了解八字先生的功力如何，當提到未來尚未發生之事時，相對可信度就會高一些。

但找人看風水，風水先生說得準不準，並不容易辨識。因為其中又牽涉到無形的理氣層面，而且做完風水布局後，也不是在短時間內就能看到效果。所以也容易讓不學無術之徒魚目混珠，有機可趁。

找人占卜、看塔羅牌，就算是算錯了，也只是算錯一件事。找人算八字、紫微斗數，算得不準，也只是影響到個人。可是陽宅風水沒調理好，影響的就是住在這間屋子的所有人。陰宅沒看好，影響的層面更大，恐怕就是一整個家族及後代子孫，豈可不慎。拿人錢財，與人消災，若是不學無術，那就是害人害己，貽害不淺。

回到化煞的主題，煞氣可分成幾種不同的類型，如：

形煞：外形看得見，如路沖、壁刀。

光煞：如對面大樓鏡面玻璃反光、隔壁霓虹燈閃爍。

音煞：噪音，如凹風煞，風聲如鬼哭神號。

味煞：臭味、異味，如家中有醃製品，附近有菜市場。

陰煞：無形界的煞氣。

根據煞氣的大小、角度、顏色及距離遠近，有不同嚴重程度的影響。

被煞氣影響的程度，另一方面也取決於當事人的心境，這一點較少被提及。因為人活在陰陽五行之中，很少不被這些外在的事物所影響。人的六識眼、耳、鼻、舌、身、意，和外界交流之後，會將這些喜歡和不喜歡的感受，透過第七識末那識這個搬運工，搬到自己第八識的潛意識阿賴耶識中，形成一個記憶儲存的種子。而下次再接觸到這些同樣或類似的事物時，第七識末那識這個搬運工，又會從潛意識阿賴耶識中，將之前所記憶儲存的種子搬出來，再將這次的經驗做一次強化。強化之後，再搬回潛意識阿賴耶識。

因此除非能有相當精深的修為，修到《心經》所說：「照見五蘊皆空，度一切苦厄。」的境界。能深入觀照色、受、想、行、識，了知這些外相、感受、思想、執念、意識分別的本質，都是空相與妄念。一般人很少能達到《金剛經》「無所住而生其心」，或是《中庸》所說的「君子無入而不自得」的境界，可以不被這些外在的種種事物干擾影響。

因此才產生了化煞的需要，如果你能不受影響，就沒有必要化煞。《論語》中提到：「顏回一簞食，一瓢飲，居陋巷，人不堪其憂，回也不改其樂。」這就是已經達到超然的精神境界了。別人受不了的生活與居住環境，顏回不但堅持得住，還樂在其中。對他而言，這樣的環境還有化煞的需要嗎？ 但對一般人而言，這種日子實在過不下去，在風水上該調理的部分，還是要進行調理。

接下來我們就來談一談化煞的幾個問題：

一、山海鎮、乾坤太極圖的探討

有些風水老師會提到，使用山海鎮、乾坤太極圖，可以化掉天斬煞、壁刀、凹風煞、小人探頭煞…等複合型煞氣。有些風水師則會較保守地說，這是在民俗上的化解方法。

也有風水師反對使用山海鎮、乾坤太極圖化煞。某風水師曾經到委託人家中，竟然發現懸掛了十幾面的山海鎮，他的工作就是去取下這些山海鎮。其實筆者認為山海鎮、乾坤太極圖這類物品，可能對某些陰煞有些效果，如住在公墓邊，因為那是屬於無形的磁場。但對其他煞氣，恐怕效果有限。

煞氣的種類有分形煞、音煞、味煞、陰煞…等，這些煞氣必須採取適當且正確合理的化解方式。譬如看到屋外有一個高壓電桶或對面大樓的壁刀，難道放個山海鎮，就不會看到高壓電桶或壁刀了嗎？這不是自欺欺人嗎？遇到大樓外的音煞鬼哭神號，需要加裝氣密窗化解。難道放個山海鎮，就不會聽到這些噪音，就不會腦神經衰弱了嗎？ 附近有垃圾場、菜市場，有異味、臭味或腥味飄入。解決之道，要嘛搬家，不然就是要緊閉門窗，開冷氣、開空氣濾清器，以及用室內芳香劑。這些問題都不是放個山海鎮、乾坤太極圖或九宮八卦牌可以處理的。

化煞之法，可以用遮、擋、化、鬥、避等方法。鬥是鬥法，盡量不用，損人不利己。其他的方法，可以針對煞氣問題對症下藥。面對尖角沖射、反光煞、植物陰煞…等屋外煞氣，可以在陽台或屋外種植物遮擋，只要還可以看到天空就無妨，對煞氣是眼不見為淨。

天斬煞加反光煞

反光煞

尖角屋脊煞及尖刺沖射造型

建築物的尖角沖射

橋樑的尖角設計

植物的陰煞

所以對不同的煞氣，必須採取適當且正確合理的化解方式。當煞氣是屬於有形的煞氣時，如大樓天斬煞或壁刀的強風，沿著牆壁不斷地吹過來。掛上「山海鎮」或是「乾坤太極圖」之後，風切的狀況還是在那裡，這種有形的風力，所造成對人體的不舒適感，這都不是「山海鎮」或是「乾坤太極圖」可以解決的。應該要在陽台種植植物，以阻擋這類的煞氣，類似防風林的概念。這樣子才能夠更實際有效地擋住強風對人體的傷害，然後再安裝氣密窗，才是真正的風水解決之道。

又譬如出門看見壁刀的問題，就算是掛了山海鎮或是乾坤太極圖後，還是可以看得到壁刀。看到之後還是會產生心理上的不舒適感，像這樣子的狀況，是不是應該要採用遮擋或其他方式，眼不見為淨會較恰當。

遇到鄰近高壓電桶或住在高壓電場邊，就算是遮住了，電壓輻射還是會對人體產生影響。所以遮擋也沒用，只能避了，也就是趕緊搬家。

當面臨到極惡的風水時，其實真的不用還想要化煞了，趕快搬遷才是上策。

二、風水招財化煞物的擺設，是否昂貴的比較有用

運用風水招財化煞物，不一定要購買昂貴的物品，只要能夠符合五行相生的材質、顏色、形狀、數目即可，而且這些物品也應該是高雅不庸俗，具有良好意境才可。

三、家中擺放貔貅、三腳蟾蜍

有些坊間風水說法，提到開光過的貔貅、三腳蟾蜍可招財。因此很多人家中就會擺放貔貅，甚至放了許多對貔貅。但是我們要考慮到有形則有靈，在家中與太多靈體共處一室，也極可能造成磁場混亂，並不是一件好事，這值得我們去思索。

貔貅

四、招財化煞物品開光意義的探討

有些風水老師會談到，要擺放開光的貔貅、麒麟、羅盤等物品來招財化煞。

我們要思索一個道理，開光需要有德的高僧大德，或是法師來做這個工作，而且在做的時候需要專注，那麼如何確保開光是真正的開光呢？到底是誰來做開光的事呢？如何確保開光的過程真的是用心進行，或只是形式上的生意手段，值得商榷。

試想一個問題，到底開光化煞招財物的真實力量，是來自開光儀式的力量，還是來自於因為你相信它而產生力量。

《秘密》一書當中提到相信的力量，你相信它就產生力量。當你使用這些招財化煞物的時候，當你相信了它，它就會產生力量。

所以我們可以用另一個角度來理解這件事，如果你親見這個物品，是經由你所相信的高僧大德或法師全神貫注地開光，這個物品有了這些大修行者的祝福與加持，再加上你個人的相信，它就被賦予了力量。

如果只是在網路上購買物品，宣稱經由法師開光，如果真的產生效果的話，也應該是來自於你的相信，畢竟自己的信心，也會產生某種程度的力量。

不過我們必須知道，在正統或傳統的風水中，是不講開光的，也不用貔貅、三腳蟾蜍、山海鎮、乾坤太極圖一類的物品，這已經是把道教儀式教義摻入了風水中。在正統或傳統的風水中，是用五行生剋來做風水調理，並計算理氣的變化，不必用這些所謂的開光物品。

五、化煞的心理與實際層面

風水是人與居住環境間的交流共振，壞風壞水的居住場所，肯定會對人的身心靈的意識及潛意識層面，產生不良的影響。風水的調理，除了要符合一般風水的原則之外，也要考慮到「人」的因素，提出適合委託人的調理方案。有時風水師認為某些化煞方法很好，但委託人在心理上卻無法接受。譬如面對煞氣方，貼上寫著「對我生財」的紅紙，可能很多人都不喜歡，因為跟室內裝潢格調不搭，顯得相當突兀。

其實想一想，為何要寫「對我生財」，這也是一種心理暗示。讓人能夠轉移對煞氣的注意，眼不見為淨，轉變心情。

在這種原則下，其實找個自己喜歡的物品遮擋一下，讓心裡不要產生疙瘩即可。

對於複合式的煞氣，有些風水師會建議懸掛「山海鎮」或是「乾坤太極圖」。其實這樣子的化煞效果究竟有多少，令人存疑。因為煞氣還是在那裏，眼睛還是看得到。

譬如說住在路沖或是剪刀煞的地方，筆者認為放個大塊石頭，上面寫上泰山石敢當。或是在這些位置上，多種些圍籬樹牆，在心理上會較有安全感。萬一當車子失速撞上來，也較能夠擋得住。

又如樑壓沙發的問題，在風水上的化解法，不同的風水師提出不同的作法。有說在樑的兩側懸吊開光的五帝錢，或在樑的兩側用白水晶柱頂住，或是用頂天彌勒佛(雙手托天狀的彌勒佛像)頂住，或用象鼻朝上的大象雕塑頂住，或用山水畫的山頂住，或用書法寫一個「山」字頂住，或將樑包覆為圓弧形，或用絨布包覆修飾，或用燈往上投射，做間接照明修飾。

方法可謂五花八門，八仙過海各顯神通。但我們想一下，樑為什麼會對人造成煞氣呢？ 第一個是視覺上的感受。因為當人的眼睛看到了一個重物壓在頭上，潛意識中就會產生一個壓迫感和不安全感。而這種無形的壓迫感，就造成了我們不喜歡坐在這個位置上，整天想往外跑，而導致家人不團聚。

所以將樑包覆為圓弧形，或用絨布包覆修飾，或用燈往上投射，做間接照明修飾的這些方法。都可以理解為是一種將視覺上的感受做一番修飾，是屬於化煞之法中遮、擋、化、鬥、避的遮法，讓人不會產生壓迫的感受。

又如使用五帝錢、白水晶、頂天彌勒佛、象鼻朝上的大象雕塑、山水畫的山、書法的「山」字…等方法頂樑，還是會看到樑的存在。上述這些方法是屬於一種自我心理暗示法，認為這樣就頂住了樑，不會對自身產生危害。這種方法可以算是化煞之法 -- 遮、擋、化、鬥、避的化法，是屬於文化心理層面的化法，要很相信這種方法有效的人，才會起到效果。

值得注意的是樑的位置，通常是鋼筋密集或鋼骨結構之處，對人的磁場影響也較大。雖然已經將樑包覆成圓弧形，或用絨布等物品修飾，視覺的感受是改善了，但鋼筋鋼骨結構的磁場影響還是在那裏。就如同陷阱上面鋪了布或樹枝雜草，雖然看不見陷阱了，但危險就是在那裏。所以可以的話，還是要遠離樑下。尤其是會在沙發久坐的人，坐得越久，影響越大。

房間門上方有樑從門外穿進門內，這種煞氣稱作「穿心煞」。會造成住在這個房間的人諸事不順，常常錯失好機會，而發生令人捶心肝之事。風水師一般會建議，將房門外天花板上方的區塊，做補平並加裝電燈，以「去形除煞」，因為眼不見為淨。況且我們也不會長時間待在門口的樑下位置，因此就不會對我們造成影響。

如果是住在陽台外推的懸空屋，有些風水師會建議在懸空區域的地板上，放上水晶或三十六枚錢幣增加地氣。但在人的潛意識中，還是知道那個區域是懸空的，會有潛意識中的壓力。所以懸空的部分，盡量是做成櫥櫃，規劃成較少使用到的空間。

有風水老師認為在馬路反弓煞的地方，適合做有關五行當中屬金的行業。譬如說鋼鐵廠五金行，比較能抵擋住煞氣。但要考慮到的是，有些住宅是住商合一的房子，樓下是五金行，但樓上是住家，還是會受到馬路反弓煞的影響。無形煞氣就算能夠抵擋，但有些酒醉駕駛或開快車的人，還是很可能會撞上轉彎處的房宅位置。住在該地點的人，常常看

到車子似乎快撞上自己的房子，會造成心理上很大的壓力。

在剪刀煞的地方，如果能夠種植樹木的話，也能產生阻擋的效果。因為以五行而言，剪刀屬金，樹木屬木，雖然金能夠剋木，但剋木也會消耗金的能量，所以能緩衝煞氣。以實際而言，萬一車子撞上來，會先撞到樹木，衝力減緩了，傷害就會降低，這很符合科學邏輯。而且樹木長高了，也會看不到外面的煞氣，眼不見為淨。若要用石敢當的話，應該要選擇比較堅實厚重的大石塊，不管是從心理層面上或實際上而言，才能夠達到較好的效果。

有風水老師提到，房間門打開看到壁刀，可在牆的另外一側貼上鏡子來化解壁刀，可以將壁刀化有為無，但筆者認為這種方法，邏輯上不通。試想在牆壁轉角的另一側貼上鏡子，開門還是會見到有尖銳角度的壁刀，不如在轉角處放盆栽，藉由盆栽的葉片及生命力來化解壁刀，或者是在視線所及的轉角處掛一幅畫，畫的邊緣剛好與壁刀切齊，這樣子也是去形除煞的修飾法。

六、化煞的迷信、文化與科學層面

有風水老師提到壓樑的問題，認為將簫放在橫樑上，就會化掉橫樑的壓樑問題，因為簫諧音消，象徵消失之意。筆者覺得這種作法及解釋還蠻令人存疑的，難道會因為諧音，壓樑的問題就能夠消失嗎？那對於西洋人而言，簫的英文是Flute，不管是讀音或意義上，都無法對應英文單字的消失Disappear。當然如果硬要解釋放簫能有效的原因，只能說是文化心理的暗示層面，以及注意力轉移的問題。

因為在樑上面放了一個物品，我們的注意力，自然會轉移到這個物品上，就不太會注意到壓樑的問題，比如有些人會將寶劍掛在樑上或壁刀旁，這也是一種轉移注意力的方法。讓人將注意力集中在這些懸掛物品上，轉移了因見到壁刀所產生的不適感。

有些人會採用間接照明的方式，將壓樑以及壁刀的問題進行修飾，這也是一個好辦法，燈光本身也能夠提升室內的能量。

用立燈間接照明修飾樑柱壁刀

這些修飾方法，在視覺上確實能有所幫助。但壓樑的問題還是在那裡，因為鋼筋、鋼骨結構的磁場影響仍然存在，因此就算是壓樑已經被修飾包覆了，也不要直接長期坐或睡在樑下。

接著我們要思考一個問題，有些風水師認為可以用諧音的方式，以達招財化煞的效果，譬如種桔樹（吉）、棗樹（早生貴子）、桂花桂圓（有貴人相助），但這種方式在西方行得通嗎？在西方又要如何跟當地人談風水呢？

在西方的國家當中，遇到要化煞的狀況，難道也是一樣用山海鎮、乾坤太極圖、龍龜、葫蘆、麒麟踩八卦、八仙彩、風獅爺、桃木獅咬劍嗎？

這些深具東方意涵的化煞物，對有東方文化背景的我們而言，具有文化及民間信仰上的意義，擺設了這些物品之後，一般人也會相信這是有效的。但如果我們不太相信的話，效果也會大打折扣。

但在西方的文化中，並沒有這些東方文化意涵的事物，因此無法產生心理暗示的連結效果。就如同我們看到希臘羅馬神話中的神祇雕塑，可能也沒什麼感覺一樣。

而且以實際而言，風水老師說這些風水物品要拿到廟裡，順時鐘過主爐三圈。西方人是上教堂，要他們拿風水物去廟裡，順時鐘過主爐三圈，根本不太合適。另一方面，在西方國家的廟也不多，所以也不實際。

因此在西方如果要採取化煞與招財的心理暗示，必須要有所變通。化煞與招財物的使用，需要與當地的文化相連結，才能產生較佳的效果。

舉例而言，台灣人普遍不喜歡「4」這個數字，但並不代表外國人也不喜歡這個數字，他們的幸運數字和忌諱數字，也不見得與我們相同。外國人認為幸運招財的花卉樹木，也和我們有所不同。化煞物的選用，要讓他們在心理上能夠接受，而且不會和居家整體設計的氛圍差異性太大。

撇開文化背景心理暗示的層面，風水的調理還是要回到五行調理的層面。簡單地說，就是以五行的相生系統來損有餘，補不足。

筆者個人主張，盡量減少使用民俗意義上的化煞招財物，因為這些物品並不屬於正統與傳統的風水意涵。但可透過家中物品五行屬性的擺設，在自然美學的意境中，自然蘊含及契合風水法則。

風水的調整，應該要符合普世適用的原則，東西方人都能接受的方式，體現風水之道與精髓。掌握風水原則，並結合室內設計與美學概念。如樑壓灶的問題，筆者不採用民俗上麒麟踩八卦，或放葫蘆之法，改用儲物櫃來去形除煞，如果還有壓樑的疑慮，可在儲物櫃中擺放水晶柱來頂樑。並善用燈光，如間接照明化樑煞、補缺角。運用五行之物的材質、顏色及形狀，來進行室內能量的調整。

戶外化煞氣的方式，可用種植福木，或是將盆栽墊高，以高於人的身高為原則。或是面對煞方，採用厚重窗簾，以五行相應的顏色選用窗簾，或者是擺放水缸魚缸，可加裝造霧器，藉水波折射原理或形成水牆來化解。

用吊籃盆栽化解開門見柱及對面鄰居的屋簷尖角沖射

用植物當籬笆圍牆，擋煞也兼顧隱私

盡量與潛意識、心理學、視覺美學等結合，讓委託人覺得分析有道理，以符合不同委託人的文化背景，而樂於接受。

七、化煞及家中擺設的延伸思考

當我們在判斷格局的時候，譬如說有穿堂風或是開門見膳的狀況，以一般風水說法而言，會造成不易聚財，甚至被親戚朋友借錢不還，也可能是享樂主義者，花錢無度。這是一種漏財、破財的格局。

但是我們也要考慮到雖然現象面看起來都是不聚財，但背後的原因可能不同。有些人會漏財的原因，是因為樂善好施，願意將自己所賺來的錢，拿來幫助別人或弱勢團體。所以說現象上雖然是不聚財的，但是也在無形當中，為他們累積了許多的福德，而這個部分是一般風水師較注意不到的。

所以若是向委託人確認過，漏財是因為善心的布施，而不是花在享樂，或是親友借貸不還的狀況，個人生活也還過得去，也不一定要特別化解。

另外對於家中的擺設，風水師也是要做全面地思考，就如同看到委託人的客廳中掛著《心經》，也要依情況來看，不能一概而論。如果對退休人士而言就很適合，能修心養性、不與人爭，就沒有必要再建議要放一些象徵衝刺事業的圖畫。

但若是正在衝刺事業的人，放了《心經》後，可能會比較清心寡欲，不想打拼奮鬥。因此對他們而言，比較適合放山水畫或是牡丹富貴之類的畫，來做一種心理暗示。

所以在風水上的建議，需因人而異，要因材施教。

另外要思考的問題是，如果委託人家中有犯小人的格局，風水上說，相宅如相人，什麼人選什麼房子，為什麼委託人會選到一間犯小人的房子，風水師也要適時地向委託人提出良心的建議，是不是在委託人的人格特質上有需要改進的地方，需做一番思考與警惕。

如果一個人脾氣不好，不尊重別人，就會把原本可能是來幫助自己的貴人，轉而變成扯自己後腿的小人。試想不從人格特質上調整，只是沙發轉個方向，這種情況就能徹底改變嗎？所以透過調整氣場的過程中，建議委託人也需做人格特質上的省思調整，才能達到更好的效果。

八、如何找煞氣

找煞氣不是往大門或陽台外探頭出去，認真地一百八十度上下左右找，如此一來，肯定會找到許多煞氣，就沒有一間可以住的房子了。

真正合理的煞氣找法，是從大門口或陽台落地窗或窗戶向屋內後退走三步，再用雙眼向前平視往外看。看得到的煞氣才算是煞氣，看不到的煞氣不算，眼不見為淨。

譬如我們住在十五樓高的住宅，而煞氣在二樓高的位置，此煞氣對我們並不會產生影響，無須擔心。

從門、落地窗或窗戶向屋內退後走三步，再找煞氣

九、遮擋化鬥避

風水中的化解之法，談到「遮、擋、化、鬥、避」這些方法可運用，能遮的遮、能擋的擋、有辦法化掉的就化掉，或用鬥法制衡。在無計可施時，最後就是避了。

但什麼時候要用什麼方法呢？以下筆者說明一下自己的體會。

1. **遮法：**遮法應該是面對較輕微的煞氣，眼不見為淨。遮住它，看不到就好。如果我們到外面用餐，看到髒亂的廚房，食材放在地上，那頓飯肯定吃不下去。但如果沒看到，可能就吃得興高采烈。

遮住了，眼睛所看到的煞氣就沒了。譬如說進門見膳的問題，以風水上的意義而言，代表一進入大門，首先映入眼簾的不是客廳，而是餐廳。所代表的危機是容易被親友借錢不還，主人也可能是享樂主義者。像這種煞氣，只要用一個不透明的拉簾遮住即可，因為被遮住了，我們的視線就不會被吸引，心念也不會被影響。

2. **擋法：**面對到一些較強的煞氣，不是遮住就沒事了，因為煞氣的衝擊還在，試想有人拿刀子威脅你，難道拿塊布把眼睛遮住，威脅就不存在嗎？ 要不是趕快逃離現場，就是拿個東西擋住，保護自己的安全。譬如遇到室外的天斬煞、壁刀煞，有強風沿著大樓的切面吹襲而來，就要在陽台種植植物擋住。有噪音的音煞，就要花錢裝氣密窗擋住噪音。

3. **化法：**如面臨到一些不佳的流年理氣方位，如二黑、五黃等土煞，若大門剛好位在這些方位上，甚至這些方位剛好在動土，可用五行的方式化煞，因為土生金，金可以洩土氣，因此可放一些金屬製品在這些方位化煞。

4. 鬥法：風水上雖然有此法，但強烈不建議，因為風水鬥法，兩敗俱傷，冤家宜解不宜結。香港有某大樓的建築，建成像大鍘刀的外形砍向對方，因此對面大樓也做成像槍炮的造型反擊。有些人家中會使用一些八卦鏡、山海鎮之類的物品，當這些物品對著鄰居，鄰居會怎麼想呢？

民俗上的說法，山海鎮能將煞氣排山倒海地推回去，鄰居看我們掛八卦鏡、山海鎮，將煞氣排山倒海地推給他們，他們是不是也要懸掛八卦鏡、山海鎮，再將煞氣排山倒海地推回來。姑且不論八卦鏡、山海鎮效用如何，但肯定的是，兩家會結怨成惡鄰。

5. 避法：簡單說就是三十六計，走為上策。當其他方法都不好用時，就要趕緊躲避。筆者曾經看到一個店鋪的收銀機位置，剛好位在大樑之下，就建議店鋪主人，趕緊將收銀機移開位置，不然會導致嚴重的財務壓力。這就是避法的運用。

又譬如住在風水極惡之地，有複合型的難解煞氣，如屋旁就有好幾個高壓電桶，唯一的建議就是趕快搬遷吧！

不同類型的煞氣，也要採取不同的處理方式，就像是不同的病，要吃不同的藥。吃錯藥不但沒有幫助，反而產生危害。而相同的病症，也有輕重程度的不同，使用的藥量也會不同。病重藥輕，藥力不足，治病效果也是有限。

譬如說遇到天斬煞之類的風煞，強風朝著住家吹襲過來，若不用擋法，如種植物的方式，像防風林一樣地擋住強風。而是用遮法，只拿塊布遮住，或想用五帝錢、山海鎮之類的物品化解，問題還是化不掉。因為就算是遮了布，懸掛了五帝錢、山海鎮，強風還是會繼續吹過來。因此用這些方法，等於吃錯藥，效果自然不佳。

因此化煞要選對方法，以合理符合邏輯的方法正確應對，才是真正的風水之道。

肆

風水調理篇

肆、風水調理篇

本篇及第伍篇、《風水爭議篇》的部分內容，會涉及到稍微深入的理氣內容，如洛書九宮、飛星…等觀念。雖然對於風水研究者而言，只能算是常識，但對一般讀者而言，還是需要花些時間熟悉了解。讀者可參照第捌篇、《玄空飛星篇》，以幫助深入了解。但筆者在本文中會盡量用淺白的方式闡述。

本篇及第伍篇、《風水爭議篇》，會將一些似是而非需要釐清的觀念，或是具有爭議性的問題，提出來探討，也會說明筆者的看法跟採用的方式。

一、財位的找法

財位的方位，各家說法都不同。舉例而言，座南朝北的房了，有風水師說財位是在東北方和南方，也有風水師說是在東方和東南方。座東南朝西北的房子，有風水師說財位在東南方，也有風水師說財位在北方。各家說法差異性極大，令人莫衷一是，到底該以那個為主呢？

筆者所採用的方式，是以象徵性的明財位，做催財的布局。以進了大門，斜四十五度角的角落為明財位，這個地方需位於有兩臂張開的兩片實牆夾角的位置。上方最好不要有樑，有樑代表有財務重擔。也不要有窗，象徵會漏財，並且要保持乾淨明亮。

進門後斜45度角的地方，是象徵性的明財位

有些風水老師會建議擺放晶洞、鹽燈、植物或一些招財物品。但其實還要考慮到該方位的五行問題，再來做適當的擺放。不然擺錯了，不但不能招財，反而會帶來危害。可參照本篇第四、五節所提到的五行生剋與開運，舉一反三、觸類旁通。

除了象徵性的明財位，再加上流年飛星的八白星和九紫星做重點布局，這樣子的財位布局其實就相當足夠了。有關流年飛星的財位布局部分，在第玖篇、《流年飛星篇》會有深入說明。

中醫有句話說：「藥專而力雄」，也就是說，開藥時要盡量精簡，幾味藥就可以了，但劑量可因人的體質及病情輕重做加減。不必開上二、三十味藥，藥方專一精簡有針對性，藥效才會雄大，效果才會出來。有時開太多味藥，太複雜反而失去用藥主軸，而且藥效反而會受牽制。風水的道理也是如此，找一、兩項重點，專注加強布局即可。

流年財位是以每一個元運的當旺星來看，在八運時，也就是 2004-2023 年這 20 年間，凡是八白土星飛到的方位，就是財位。而到了 2024-2043 年之間，就到了九運，這 20 年間，凡是九紫火星飛到的方位，就是財位。流年方位以九年為一個循環。有關九星飛泊的理論及操作，在本書第捌篇、《玄空飛星篇》有更清楚的說明，有興趣的讀者可以參閱。

在九紫火星之後的一白水星，這是屬於未來的旺星，也是一顆吉星。因此在一白星的位置，也可以讓打算做長期投資規劃者布局，這個給有需要的人作參考即可。一般人還是以當運的旺星為主，專注在這顆吐星的布局，不要弄得太複雜，模糊了焦點。

以下為讀者整理出 2020 年 -2046 年九宮飛星流年的方位圖表，供讀者參考。方位以九年為一個循環。

九宮飛星流年方位圖表

2020、2029、2038		
六白金	二黑土	四綠木
五黃土	七赤金	九紫火
一白水	三碧木	八白土

2021、2030、2039		
五黃土	一白水	三碧木
四綠木	六白金	八白土
九紫火	二黑土	七赤金

2022、2031、2040		
四綠木	九紫火	二黑土
三碧木	五黃土	七赤金
八白土	一白水	六白金

2023、2032、2041		
三碧木	八白土	一白水
二黑土	四綠木	六白金
七赤金	九紫火	五黃土

2024、2033、2042		
二黑土	七赤金	九紫火
一白水	三碧木	五黃土
六白金	八白土	四綠木

2025、2034、2043		
一白水	六白金	八白土
九紫火	二黑土	四綠木
五黃土	七赤金	三碧木

2026、2035、2044		
九紫火	五黃土	七赤金
八白土	一白水	三碧木
四綠木	六白金	二黑土

2027、2036、2045		
八白土	四綠木	六白金
七赤金	九紫火	二黑土
三碧木	五黃土	一白水

2028、2037、2046		
七赤金	三碧木	五黃土
六白金	八白土	一白水
二黑土	四綠木	九紫火

以 2020 年為例，對照以下流年財位簡表，八白土星在西北方，因此西北方是流年財位。讀者只要用羅盤或是指南針，找出家中的西北方即可。又如 2021 年，對照以下簡表，得知流年財位在西方。讀者只要用羅盤或是指南針，找出家中的西方即可。其餘流年以此類推。

2020 年流年七赤星入中宮

東南-六白金	南方-二黑土	西南-四綠木
東方-五黃土	中宮-七赤金	西方-九紫火
東北-一白水	北方-三碧木	西北-八白土

流年財位簡表

西元年	流年財位方位	西元年	流年財位方位
2020	西北(八白星)	2028	西北(九紫星)
2021	西方(八白星)	2029	西方(九紫星)
2022	東北(八白星)	2030	東北(九紫星)
2023	南方(八白星)	2031	南方(九紫星)
2024	西南(九紫星)	2032	北方(九紫星)
2025	東方(九紫星)	2033	西南(九紫星)
2026	東南(九紫星)	2034	東方(九紫星)
2027	中宮(九紫星)	2035	東南(九紫星)

八白星是土星，擺放與土相關之物品，可催旺八運時的財星。如在流年八白星的位置，擺放陶製的聚寶盆、茶壺、

黃色水晶、黃色的聚寶甕…等土象物品都可以，代表土土相生。或者是火象物品，如小香爐、紫水晶，取火生土之意。注意不要擺金屬物品，因為五行中土生金，金會洩土。有些人可能會說放五帝錢可以招財，但五帝錢是銅製品，五行屬金，放在八白星的流年方位，反而是洩了旺星之氣，會漏財，不可不慎。

陶製的聚寶盆，是土象物品

黃色的聚寶甕

到了 2024-2043 年，九紫火星當運 20 年，凡是九紫火星飛到的宮位，就是最旺的財位。擺放與火相關之物品，如小香爐、紫水晶、紫水晶洞，代表火火相生。或者是木象物品，如原木雕刻，取其木生火之意。在這個時期，流年九紫火星的宮位，就不要再擺土象物品，如陶製的聚寶盆、茶壺、黃色水晶…等土象物品。因為五行中火生土，土會洩火。風水的調理，非常注重五行的生剋關係。

紫水晶洞

所有的查找房宅財位或文昌位的操作法，都是一種屬於研究理氣的操作法。首先都是要將家中的平面圖，畫成平均比例的九宮格後，再來分析查找。要注意窗台和陽台等不屬於室內空間，不要畫入九宮格內。

房子有缺角或凸角的問題，請參照本篇第四節、《方位與家人的對應關係及缺角凸角問題》，並用羅盤或指南針量測居家的座向方位，羅盤的使用方法，請參照本書第柒篇、《羅盤使用篇》。

二、文昌位的找法

為什麼要找文昌位，是因為要藉由家中文昌方位的磁場，以加強考運及增加學習的效率。

文昌位有幾種不同的找法。筆者提供三種方法如下：

(一)、按座向來找全家人共同的固定文昌位
(二)、每年依九宮飛星飛泊而流動的流年文昌位
(三)、個人的生肖文昌位

(一)和(二)都是屬於全家人共同的文昌位，(三)是屬於個人的文昌位。

關於文昌位，在九宮飛星飛泊的理論中，一白星和四綠星都和文昌讀書考運有關。許多坊間的風水書都是告訴讀者，文昌位要找四綠星飛到的位置來進行布局，但其實這是

一種錯誤的觀念。

為什麼很多人會犯這個錯誤的原因，是因為一般人將四綠星稱作「文昌星」。飛星風水學上的《紫白訣》，有一句很有名的話，稱作「四一同宮，準發科名之顯。」其中的四，指的就是四綠星。因為很多人認為四綠星，就是文昌星，只要在這個位置布局，就能「準發科名之顯」，也就是肯定會得到功名顯貴。

但是他們忽略了重要的一點，就是玄空飛星學很重視飛星得令和不得令的問題，也就是每顆飛星現在是否當運，決定了它是吉星還是凶星的命運。而四綠星目前在八運時，卻是處在失運的狀態，也就是四綠星目前不是一顆吉星。

當它不是一顆吉星時，如果在四綠星飛到的位置布局，反而會容易產生浮蕩、爛桃花…等情事。這是很多人所忽略的重點。因此筆者要請大家正視這個問題，不要再以訛傳訛了。

如果要做文昌位的布局，筆者會建議讀者在一白星的方位布局。因為現在是八運，即將進入九運，一白星是未來吉星。一白星和考運、升職、升官運有關，這才是目前正確的文昌位布局。

針對這個以訛傳訛的錯誤觀念，筆者會在第伍篇、《風水爭議篇》的第十二節、《將四綠星的方位當成文昌位的錯誤》，將這個問題做更深入的剖析。

第玖篇、《流年飛星篇》的第六節、《流年的文昌位布局》，針對流年飛星一白星的布局，會做更深入的說明，有興趣的讀者可以參照。對這方面沒有興趣的讀者，只要簡單地記住，在一白星的位置，做文昌位布局即可。

（一）、按座向來看的固定文昌位

首先我們來看依據房屋座向所找出的固定文昌位，又稱作「宅紫白文昌位」，是依據紫白飛星之法找出來的。

先按比例畫出房子的九宮格，並標示八個方位，中間則是中宮。以下是房宅座北朝南的相對方位：

座北朝南的相對方位

東南	南方	西南
東方	中宮	西方
東北	北方 -- 坎	西北

座向文昌位－宅紫白文昌位

宅名	洛書後天數	宅向	文昌位
坎宅	1	座北朝南	中宮
坤宅	2	座西南朝東北	東南方
震宅	3	座東朝西	東方
巽宅	4	座東南朝西北	西南方
乾宅	6	座西北朝東南	南方
兌宅	7	座西朝東	東北方
艮宅	8	座東北朝西南	西方
離宅	9	座南朝北	西北

根據洛書，每個方位都有一個對應數字，見下圖：

洛書的方位及對應數字

東南巽 4	南方離 9	西南坤 2
東方震 3	中宮 5	西方兌 7
東北艮 8	北方坎 1	西北乾 6

以上又稱為洛書「元旦盤」，也就是原始的洛書的數字排列，可以看作是一個原始基本盤，而坎對應數字就是 1，坤對應的就是 2，以此類推。

所以 1 代表坎，也代表北方，所以座北朝南的房子，就稱為坎宅，代號為 1。而 2 代表坤，也代表西南，因此座西南朝東北的房子就稱為坤宅，代號為 2。其餘房宅方位與相對應的數字以此類推。

因此將坎宅的 1 置入中宮，依照九宮飛星的順飛法飛泊，即可得出屬於坎宅的飛星盤。

下圖為座北朝南坎宅的飛星盤：

坎宅的飛星盤

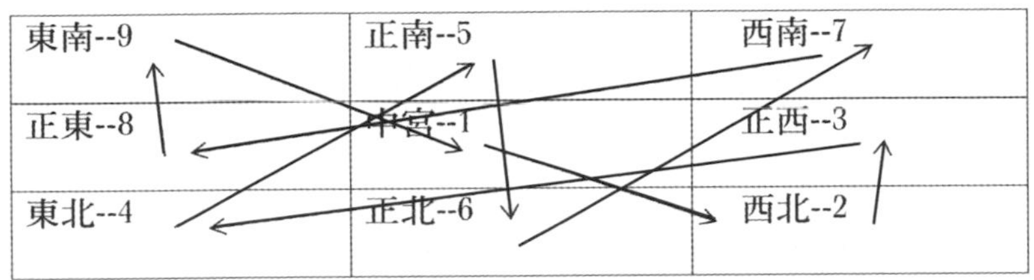

東南--9	正南--5	西南--7
正東--8	中宮--1	正西--3
東北--4	正北--6	西北--2

以上是將代表坎宅的數字 1 置入中宮，再根據洛書的元旦盤，套入九宮飛星的順飛，所得出的結果。坎宅的洛書數字為 1，將 1 放入中宮，按照九宮飛星的順飛法，從 1 飛到 9。

之前筆者已經提到目前的文昌位，是在一白星的方位。我們只要找出屬於 1 的數字，也就是一白水星，那個方位就可以做為文昌位的布局。而在坎宅中的一白水星剛好是在中宮，因此坎宅的文昌位就在中宮。

若是坤宅的話，將坤宅的 2 置入中宮，也是依照九宮飛星的飛泊順序，見下圖：

坤宅的飛星盤

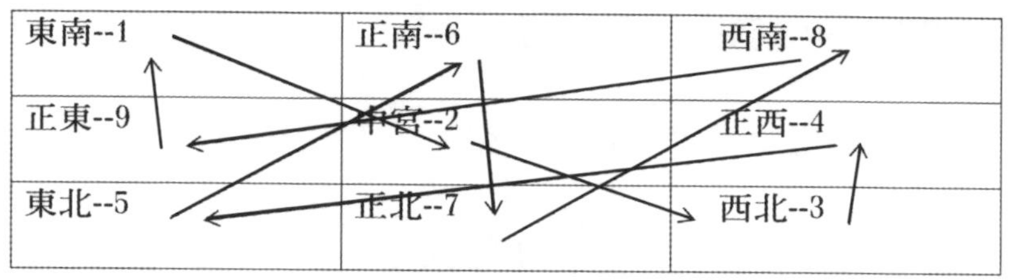

而在坤宅中的一白水星飛到東南方，因此坤宅的文昌位就在東南方。

以上述所舉出的坤宅為例，座西南朝東北的房子就稱為坤宅，根據紫白飛星的九宮飛泊法，推算出坤宅的座向文昌位是在東南方。

所以座西南朝東北的坤宅房子，書房或臥房可設在東南方，以興旺文昌，有利於全家人的考運及升職運。但如果東南方不是書房或房間，而是客廳或餐廳，視實際的情況，也可以在該處讀書。以前的人經濟條件較差，飯桌也是書桌。但如果在該處讀書學習會被干擾，就在個人書房的東南方放書桌，或房間的東南方放床也是可以。

為什麼床可以擺在文昌位上呢？ 因為人一天在床上睡眠八小時，睡覺的時候，同時也可以接受文昌方位磁場能量的加持，這是最有效的充電方式。但還是要看在格局上，是否有符合合理擺設的原則。

什麼是合理擺設的原則？譬如說以理氣算出來，在個人書房或房間的東南方是文昌位，但如果東南方剛好是門口的位置，就不適合擺書桌或床，所以要以實際的格局做優先考量。

比較糟糕的是，若是東南方剛好是家中的廁所，那就稱作「汙穢文昌」，對家中所有成員的考運、讀書效率十分不利。必須在廁所馬桶上方，擺放土種黃金葛之類的植栽，且黃金葛要綁上紅緞帶，以轉陰為陽，再用鹵素燈投射在黃金葛上以作化解。藉由植物的光合作用，來淨化空氣及磁場。

（二）、流年文昌位

以座向來找文昌位的方式是固定的。什麼座向就是什麼文昌位，這是固定不變的。但另外一種流年文昌位，顧名思義，文昌位每年都會變。

流年文昌位是不管屋子的座向問題，所以不用管坎宅、坤宅等問題，只要拿羅盤或指南針，測量出家中的八個基本方位即可。

可對照以下九宮飛星流年方位圖表，找到一白水星的方位，即是文昌位。或對照下面流年文昌位簡表即可。

九宮飛星流年方位圖表

2020、2029、2038		
六白金	二黑土	四綠木
五黃土	七赤金	九紫火
一白水	三碧木	八白土

2021、2030、2039		
五黃土	一白水	三碧木
四綠木	六白金	八白土
九紫火	二黑土	七赤金

2022、2031、2040		
四綠木	九紫火	二黑土
三碧木	五黃土	七赤金
八白土	一白水	六白金

2023、2032、2041		
三碧木	八白土	一白水
二黑土	四綠木	六白金
七赤金	九紫火	五黃土

2024、2033、2042		
二黑土	七赤金	九紫火
一白水	三碧木	五黃土
六白金	八白土	四綠木

2025、2034、2043		
一白水	六白金	八白土
九紫火	二黑土	四綠木
五黃土	七赤金	三碧木

2026、2035、2044		
九紫火	五黃土	七赤金
八白土	一白水	三碧木
四綠木	六白金	二黑土

2027、2036、2045		
八白土	四綠木	六白金
七赤金	九紫火	二黑土
三碧木	五黃土	一白水

2028、2037、2046		
七赤金	三碧木	五黃土
六白金	八白土	一白水
二黑土	四綠木	九紫火

流年文昌位簡表

西元年	流年文昌位	西元年	流年文昌位
2020	東北	2029	東北
2021	南方	2030	南方
2022	北方	2031	北方
2023	西南	2032	西南
2024	東方	2033	東方
2025	東南	2034	東南
2026	中宮	2035	中宮
2027	西北	2036	西北
2028	西方	2037	西方

之後的年份九年一個循環，以此類推即可。

以 2021 年為例，流年飛星一白水星飛到南方。書房可移到南方，以興旺文昌，有利於考運及升職運。但如果南方不是書房或房間，而是客廳或餐廳的話，視實際的情況，也可以在該處讀書。或在個人書房的南方放書桌，或房間的南方放床也是可以。但還是要看是否有符合合理擺設的原則。一定要把握巒頭為主、理氣為輔的原則。

另外，可在該方位放置一盆水缸或流水盆，搭配一白水星，啟動文昌位的能量，但流水盆要注意水流流向，水要流向屋內，否則會漏財。

若是在 2021 年，流年飛星一白星飛到南方時。南方剛好是家中的廁所，那也是犯到「汙穢文昌」，對當年家中所有成員的考運、讀書效率十分不利。處理方法如前面所述，必須在廁所馬桶上方擺放土種黃金葛，綁上紅緞帶，加鹵素燈投射化解。

筆者認為流年飛星的力量極為強大，善用流年飛星飛到的位置，進行適當布局，就能夠收到較快且較理想的效果。

（三）、個人生肖文昌位

針對個人而言，也可在個人的書房，按照個人生肖的文昌位布局。

筆者以下列圖表列出生肖所對應的文昌位，以方便讀者檢索。

這種對應法，和傳統時鐘十二個地支時辰的對應相同，對到那個方位，那個方位就是個人生肖文昌位，也非常容易記。

生肖文昌位

十二地支出生年	對應生肖	個人文昌位
子年	鼠	北方
丑年	牛	北方
寅年	虎	東北方
卯年	兔	東方
辰年	龍	東方
巳年	蛇	東南方
午年	馬	南方
未年	羊	南方
申年	猴	西南方
酉年	雞	西方
戌年	狗	西方
亥年	豬	西北方

以屬鼠的人為例，家中的北方，或是房間的北方，就是屬鼠的個人文昌位，可在這些地方擺書桌或床，來興旺文昌。其餘生肖，以此類推。

文昌位是屬於理氣上的布局，可提升增旺考運、讀書運、升職、升官運。但也是要合乎合理的擺設布局，不要違背「七分巒頭，三分理氣」、「巒頭為主，理氣為輔」的大原則。

譬如說按照生肖文昌位來看的話，如果你的生肖為雞的話，對照上面圖表，個人文昌位在西方。但若是房間的西方，剛好是房間開門的位置或房間廁所的話，也不能在此擺設書桌或床。因此這個部分要靈活運用，不能完全執著於理氣。

除了上述尋找文昌位的方式可供參考外，學習效果要好，還要搭配乾淨的書桌和房間。雜亂無章的書桌和房間會干擾學習，讀書的地方要光線明亮、空氣通風、環境安靜，才不會使人昏昏欲睡，或心生煩躁。

另外也要注意書桌上方是否有壓樑的狀況，長期在樑的下方讀書，磁場也會受影響。有些房間是屬於陽台外推加建的地方，不可以在外推之處放書桌。因為陽台外推的地方懸空，地氣空虛，磁場不佳，不適宜久坐，可以在陽台外推處，放置書櫃。

讀書的地方，最好就是放有益的書籍，避免放漫畫、玩具或電視。小孩子的書桌，也不適合放在窗邊，雖然窗外視野良好，但小孩定力不足，容易被外面事物或房間內的雜物影響，無法專心。書桌也不可以擺在門口進來的動線上，書桌後也不可以有鏡子，這些都會造成學習上的心神不寧。

書桌位在通道動線，上有樑，又在窗邊，孩子會無法專心讀書

另外要注意書桌前面的牆壁是否有壁癌的狀況，除了代表該處濕氣過重，也是代表學習不利的意象，要及時處理。

若書桌的隔牆之處就是廚房的爐灶，受到灶的火氣影響，容易心浮氣躁，或導致心血管的問題；若書桌的隔牆之處，就是廁所的馬桶，就會受到馬桶濕氣及穢氣的影響，容易頭腦昏沉，不利學習。

用木板作為輕隔間的影響較大，若是用水泥、磚頭作為隔牆的影響較小。因為「土牆為山」，磚頭的土牆像山一樣，較徹底地隔開了兩個房間。但可能的話，還是盡量避免書桌正對隔壁間的爐灶或馬桶。

此外家長也要帶動讀書學習，不然大人在外面看電視看得嘻嘻哈哈，要小孩專心讀書，似乎也不太可能。

想要書讀得好、考運要好，找出文昌位，那只是其中的一部分，是屬於理氣的部分。主要還是要考慮巒頭的部分，如書桌是否在大門動線上、是否有壓樑、在陽台外推處…等問題。這部分更重要，畢竟要記得「七分巒頭、三分理氣」的大原則。此外家人的共同配合、一起學習，營造出溫馨的書香環境氛圍，也是至為關鍵。如成語：「書香傳家、書香門第、書香世家」，說的都是一個世代相承的讀書氛圍。

三、桃花位的找法

找桃花位的目的，就是要尋求好姻緣。

最簡單的桃花位找法，是在屋子的四正位 - 正北方、正東方、正南方、正西方，這就是桃花位。

若要求桃花，最保險的方式，是在個人房間的桃花位，做催桃花的布局。以免放到家中其他位置，導致催到家中其他人的桃花。曾有一個女孩要催桃花，結果放錯位置，自己的桃花不來，反而催動了父親的爛桃花，導致父親外遇不斷，不可不慎！

桃花位一定要在四正位，風水上稱為「子午卯酉四桃花」。可依照個人的生肖，找到自己對應的方位布局即可。如生肖屬虎的人，可在正東方布局，沒有羅盤，也可拿一般的指南針，找到九十度的位置。屬猴的人在正西方布局，找到指南針二百七十度的位置。其他生肖以此類推，找到位置之後，開始做風水布局。

生肖與桃花位相對應的位置

方位	生肖
正東(九十度)	虎、馬、狗（寅、午、戌)
正西(二百七十度)	猴、鼠、龍（申、子、辰)
正南(一百八十度)	蛇、雞、牛（巳、酉、丑)
正北(零度或三百六十度)	豬、兔、羊（亥、卯、未)

桃花位記憶法：

十二生肖搭配十二地支。虎、馬、狗對應十二地支寅、午、戌，這是第一組三合。猴、鼠、龍對應十二地支申、子、辰，這是第二組三合。蛇、雞、牛對應十二地支巳、酉、丑，這是第三組三合。豬、兔、羊對應十二地支亥、卯、未，這是第四組三合。三合的簡單概念，就是同一組三合生肖的人能合得來，互為貴人。

不同生肖對應的方位也不同，十二地支中，虎在東方、蛇在南方、猴在西方、豬在北方，剛好與桃花位契合，記住了第一個虎在東方，自然連帶地也會記住同一組三合中的馬、狗也在東方。其餘三組三合，以此類推。

或是背誦桃花位口訣： 寅午戌見卯(東方)，申子辰見酉(西方)，巳酉丑見午(南方)，亥卯未見子(北方)。意思和以上所述方法也是相同。

催桃花之法：

在個人臥室的桃花方位，擺放帶花朵的植物，如百合或是去刺的玫瑰。照顧植物的重點是要常換水，保持水的乾淨，不要渾濁汙臭，否則恐怕反而招到爛桃花。另外花若是開始凋謝了，就要換上新鮮的花，因為凋謝的花，代表磁場開始衰敗。

生肖豬、兔、羊的人，可在正北方的桃花位，擺放黑色花瓶，因為北方屬水的緣故，水的五行為黑色，插一支紅色玫瑰花，北方的先天數為一和六，插一支即可。

有些讀者可能會想說，北方屬黑色，是不是也可以用黑色的玫瑰，當然理論上可以，問題是黑玫瑰不好找，而且對於要催旺桃花的寓意不佳，因為黑色的花感覺較陰鬱。用紅色或粉紅色較陽光色系的花，對於求取愛情寓意較佳。

如果是生肖屬虎、馬、狗的人，可在正東方的桃花位，擺放綠色花瓶，因為東方屬木的緣故，木的五行為綠色，插三支紅色玫瑰花，東方的先天數為三和八，插三支即可。

如果是生肖屬蛇、雞、牛的人，可在正南方的桃花位，擺放紅色花瓶，因為南方屬火的緣故，火的五行為紅色，插兩支紅色玫瑰花，南方的先天數為二和七，插兩支即可。

如果是生肖屬猴、鼠、龍的人，可在正西方的桃花位，擺放白色花瓶，因為西方屬金的緣故，金的五行為白色，插四支紅色玫瑰花，西方的先天數為四和九，插四支即可。

更講究的話，擇農民曆祈福日操作。

另外，可在床邊擺放紅地毯，以招喜氣。床單窗簾用亮色系，才不會死氣沉沉。房間在這些方位上，也可以掛上花開富貴的畫作。房間也可以放上鹽燈，增加能量。床邊也可放粉晶以自我暗示。

總之除了磁場的調整外，再加上自我暗示，不斷地自我調整，常保笑容，心情愉快，自然容易會遇到好的桃花姻緣。

四、方位與家人的對應關係及缺角凸角問題

房宅的設計，最好是方正或是長方形，才不會形成缺角房或凸角房，而對家中成員產生不良影響。

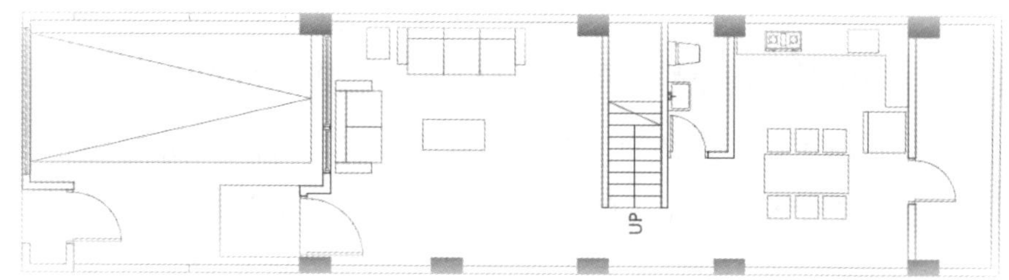

格局長方無缺角的設計

讀者可先從以下的表格，對於何種方位對應家中相應的成員，會有什麼影響，先有個初步的概念。之後筆者會提出在那個方位有缺角或凸角的對應之法。

八卦方位與家中成員健康問題對照表

方位	卦位	家中成員	對應臟器
西北	乾	父親	頭
西南	坤	母親	腹、脾
東方	震	長男	肝、足
北方	坎	中男	腎、耳朵
東北	艮	少男	胃、手
東南	巽	長女	膽、大腿
南方	離	中女	心、眼睛
西方	兌	少女	肺、口腔

東南（巽卦、長女）	南方（離卦、中女）	西南（坤卦、母親）
東方（震卦、長男）	中宮	西方（兌卦、少女）
東北（艮卦、少男）	北方（坎卦、中男）	西北（乾卦、父親）

凸角房和缺角房對家中成員的影響意義不同，簡單地說，凸角是代表過度，缺角是代表欠缺不足。不管是在對應人員的健康或人格特質，都會產生影響。先將房子的平面圖，畫成均等的九宮格，不去管陽台、花台的部分。

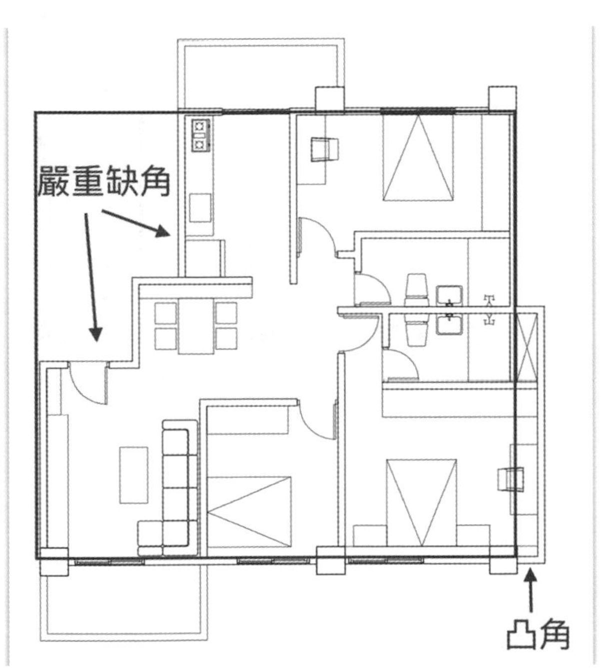

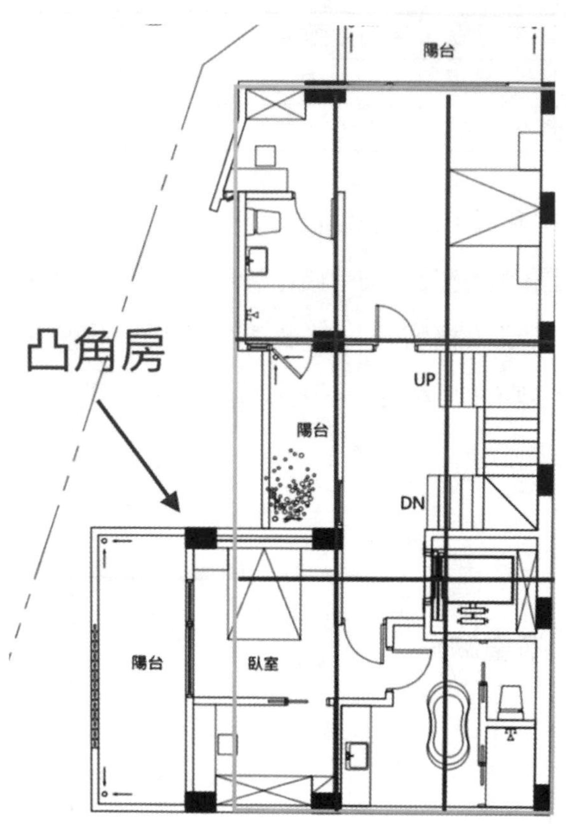
陽台
凸角房
UP
陽台
DN
陽台
臥室

凸角

缺角

相對應八個方位的缺角房和凸角房，會影響到所對應該宮位的人。一般而言，缺角的問題，代表對應到該方位的家中成員，在相對應的身體臟腑系統較弱。

譬如在西方兌位缺角的話，查看以上表格，就知道西方兌位是對應到家中最小的女兒，尤其指十五歲以下的女性。在這缺角的影響之下，就容易有咽喉疾病、肺病、肺氣虛等問題。

若東方震宮缺角，容易影響家中長男，特別是三十一到四十五歲的男性，容易有肝膽氣血不足、神經系統或缺乏決斷力等問題。

若是缺角房的話，相對應的家中成員，除了身體對應臟腑器官較虛外，也代表容易往外跑，不喜歡待在家。

沒有待在家的原因很多，不一定就會發生什麼事故，但以現象面而言，家人就容易聚少離多。譬如乾宮有缺角，有可能先生需要長期在外地工作；震宮缺角，有可能長子出國讀書或移民；巽宮缺角，有可能長女出嫁。

若是凸角房的話，相對應的家中成員身體容易長增生物，如脂肪瘤或腫瘤，脾氣也會容易暴躁、孤傲，人際關係不佳。

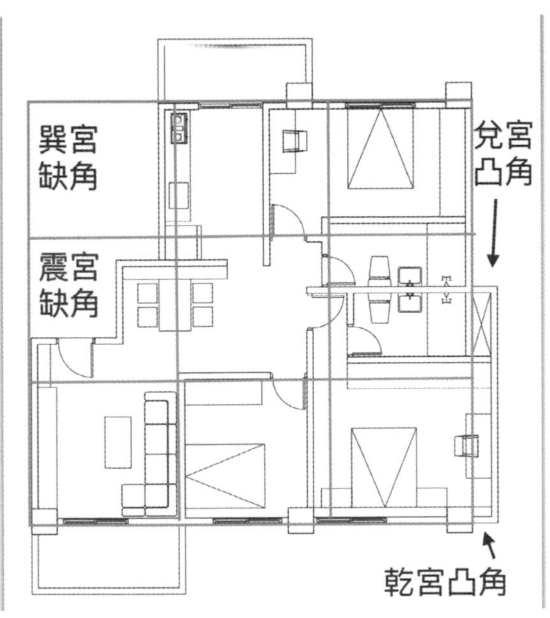

巽宮震宮缺角，分別影響長女和長男。乾宮兌宮凸角，分別影響父親和小女兒

用中醫的觀點來看，缺角房和凸角房就是虛證和實證的問題，缺角房就是虛證，凸角房就是實證。中醫的理論「虛則補其母，實則洩其子」，可以運用五行的相生系統調整，來補虛洩實，補不足，損有餘。

在風水的實踐上，可用五行相生關係的母補子的不足，如木不足的話，在五行的關係中，水能生木，水就是木的母親，因此就用水補木的不足，也就是虛則補其母的概念。也可以用同樣屬木的物品，以補木的不足，這是一個「相比和」

的概念。

舉例而言，東方震宮有缺角，東方屬木，在五行中什麼能生木呢？水能生木，可擺與水相關的材質、顏色、形狀之物，都有幫助，也就是有水的材質，黑色及波浪形之物。把一系列同屬性的東西放在一起，這種作法稱作「同聲相應，同氣相求」。

如放魚缸、水生植物，黑色波浪型的擺設…等等。也可放一些盆栽，木也能旺木。或是擺上兔子的圖騰，因為兔子在十二地支裡屬卯，卯屬東方。

如震宮有凸角，就要思考這是木太過，而五行相生的關係中，木生火，火能洩木。可用火象物品，如火爐、小香爐或紅地毯、三角形之物去洩過度的木氣。但三角形之物，運用時要小心，一般上還是少用，在風水上不太喜歡

小香爐和三角形鼻煙壺等火象物品

看見尖角之物。

另外也可以用相剋的方式處理，東方屬木，木太過，以金剋木。在十二地支裡屬金的生肖是猴、雞，尤其是雞的方位是在酉位，屬正西方，剛好用來對治正東方的問題。因此東方有凸角，可擺上雞的圖騰或銅雞擺件。

其他方位位置的缺角和凸角的處理方式，以五行生剋的對應以此類推。

以下用一個簡單的表格，讓讀者可以對照。該方位不足時，用該五行相生關係的母補子的不足，如以水生木，或同質性的物品增補，如以木補木。

若是太過，則用實則洩其子的洩法，如木太過，就用火去洩，因為木生火的關係。或用金剋木的方式處理。其他五行的生剋補洩以此類推。

五行相生關係：

木生火→火生土→土生金→金生水→水生木→木生火

五行相剋關係：

木剋土→土剋水→水剋火→火剋金→金剋木→木剋土

風水的調理布局，其實就是五行相生相剋的道理，補不足、損有餘。把能量調平衡了，磁場就安定了。而且要把握「同聲相應，同氣相求」的原則，如什麼是屬於木系列相關材質、顏色、形狀、數目的東西，整合出一個概念，常常運用，自可熟能生巧。

在實際的風水操作中，最重要的是考慮物品五行的材質，材質所產生的能量影響最大，再考慮物品的顏色、形狀、數目、意境及是否精良雅緻。

五行屬性對照表

五行	木	火	土	金	水
材質	原木、植栽	火爐、燭台	陶器、花瓶、茶壺	金屬製品、獎盃、銅器	流水盆、魚缸
顏色	綠色	紅色	黃色	白色	黑色
形狀	長方形	三角形	正方形	半圓形	波浪不規則形
數目	三或八	二或七	五或十	四或九	一或六
方位	東、東南	南	西南、東北、中央	西、西北	北
生旺物(母)	水	木	火	土	金
洩氣物(子)	火	土	金	水	木
被剋物	金	水	木	火	土
增強力量生肖圖騰	兔	馬	牛、龍羊、狗	猴、雞	豬、鼠
削弱力量生肖圖騰	1. 猴、雞 -- 被剋物 2. 馬 -- 洩氣物	1. 豬、鼠 -- 被剋物 2. 牛、龍、羊、狗 -- 洩氣物	1. 兔 -- 被剋物 2. 猴、雞 -- 洩氣物	1. 馬 -- 被剋物 2. 豬、鼠 -- 洩氣物	1. 牛、龍、羊、狗 -- 被剋物 2. 兔 --- 洩氣物

五行與生肖的對應

五行	對應十二生肖
木	虎、兔
火	蛇、馬
土	牛、龍、羊、狗
金	猴、雞
水	豬、鼠

在運用十二生肖的圖騰物去做能量增減時，要注意的是材質，譬如要增強西方的能量，擺放銅做的雞，會比擺放木頭材質或陶土材質的雞效果好，因為銅屬金，金屬西方。

另外要注意寓意的問題，家中盡量避免擺像老虎這類猛獸的圖案，寓意不佳。要補木的能量，放木製的兔子即可。要補火的能量，不喜歡蛇的話，擺木製紅顏色的馬就可以了。因為你找不到用火做的馬，因此以木生火的五行運用，也可以用木製的。

另外以十二地支的方位而言，雖然猴和雞五行都屬金，都可以剋木，都可以調理東方的凸角問題，但雞在方位中屬於西方，正好與東方對沖，因此力量會比屬西南方的猴力量大。但調理與寅虎相應的東北凸角上，猴在方位中屬於西南方，正好與東北方對沖，因此力量會比屬西方的雞力量大。

同理，鼠和豬五行都屬水，都可以剋火，都可以調理南方的凸角問題，但鼠在方位中屬於北方，正好與南方對沖，因此會比屬西北方的豬力量大。但調理與巳蛇相應的東南方凸角時，豬在方位中屬於西北方，正好與東南方對沖，因此會比屬北方的鼠力量大，這點可作參考。以下的圖表，可讓讀者對十二地支的方位有較清楚的了解。

十二地支生肖與方位對應圖

十二地支	對應生肖	對應方位
子	鼠	北方
丑	牛	北方
寅	虎	東北方
卯	兔	東方
辰	龍	東方
巳	蛇	東南方
午	馬	南方
未	羊	南方
申	猴	西南方
酉	雞	西方
戌	狗	西方
亥	豬	西北方

五、如何運用五行開運

有風水老師提到「五行開運大法」，名字說得很響亮很吸引人，但其實說的就是利用增強方位所屬的五行力量，來加強方位磁場。

在上一節的內容中，筆者已經用了五行屬性對照表，來說明如何處理缺角房及凸角房的問題。在這一節中，會以房宅的八個方位，來說明如何加強該方位的能量。能量加強之後，運也就開了，這就是「五行開運大法」的實際意義。

以下圖表是洛書的八個方位，及對應的五行屬性及顏色，不用管屋宅座向，只要用羅盤或指南針量測出方位即可。

住宅的八個方位及五行相對應的顏色

東南巽位 (屬木-綠色)	南方離位 (屬火-紅色)	西南坤位 (屬土-黃色)
東方震位 (屬木-綠色)	中宮太極點 (屬土-黃色)	西方兌位 (屬金-白色)
東北艮位 (屬土-黃色)	北方坎位 (屬水-黑色)	西北乾位 (屬金-白色)

本節的討論，都是以該方位能量出現不足，需要補足加強的前提下說明，當然如果在該處有凸角房的現象，又另當別論。

如果要增強該方位的能量，首先要了解該方位在五行歸屬的問題。以西北方和西方而言，西北方和西方在後天八卦中，分別屬於乾位和兌位，五行上屬金，對應的顏色為白、銀灰、金屬色，形狀為半圓形。

金不足，有兩法可用，一為同聲相應，同氣相求，金金相生，可用金屬之物或相應顏色、形狀來補足開運。也可用虛則補其母的作法，以土生金，中醫所說的「培土生金法」，以土象之物品來開運。如陶製的聚寶盆或茶壺、黃色、咖啡色、正方形之物，都可以增加西北方和西方這兩個方位的能量。

黃色大理石球及裝五色瑪瑙水晶的聚寶盆，都屬土，土能生金

按五色相生排列的水晶蛋及黃色金元寶，能增加土和金的能量

茶壺是土象物，也有福的寓意

白水晶五行屬金，圓形亦屬金，能增強金的能量

其他方位能量的增強能量開運大法，原則也是以此類推。

既然要增加能量，就要避免擺放洩氣之物。在五行關係中，金生水，水會洩金。因此在乾、兌位上，不宜擺設水象物品，如黑色、藍色、水族箱、流水盆、流線不規則形之物品。

黑色的圓形物，有金生水的意涵，可以用來補水不足的能量，但也會洩掉金的能量。

也要避免相剋之物，以乾兌方位屬金而言，火剋金，火會剋制金的能量，讓原本已經不足的金，能量更加衰弱。因此在該方位不可以擺設火象物品。忌紅色、三角形物品、爐灶等物。

而在五行中，金雖然可以剋木，但在剋木的過程中，也相對耗損掉自己的能量。就像是斧頭雖然可以劈木頭，但劈久了，斧頭也會缺角或鈍掉，因此該方位也是要避免擺放木象物品。如綠色長方形物品、大型植栽等物。

對洩掉金的力量而言，水 (洩氣物)> 火 (被剋物)> 木 (剋物)。也就是如果要洩掉金的能量的話 (如西方有凸角房)，用屬於洩氣物的水象物品效果最好，其次是屬於被剋物的火象物品，最後是屬於剋物的木象物品。

對其他五行的洩法，也是同樣運用 (洩氣物)>(被剋物)>(剋物) 的原則。

六、站在大門口，福禍知八九

在風水上，為何說「站在大門口，福禍知八九」呢？一方面大門是納氣口，納的是什麼氣，也會決定宅運好壞。另一方面是此處可以被偵測讀取的訊息量很大。

風水上三大要素：「門、主、灶」，也就是指大門、主臥房和爐灶。這三個地方和陽宅居家風水有極大的關係，而且三者王不見王。如果站在大門口，就可以看到主臥房的話，代表主人容易懶散也會有爛桃花，而且私處外露。

所謂私處外露，指的是臥房應該是極私密的地方，不應該一眼就被看到。而且眼睛看到了，就容易引發聯想。看到臥房，要不就是想躺著休息，造成懶惰渙散；要不就是想到床事而縱慾。

而看到廚房的話就代表漏財，看到爐灶的話更是大破財。為什麼一進門看到廚房就代表破財？因為從廚房的料理狀況，就可以判斷出家中的經濟狀況。如果這家人吃得山珍海味，就代表經濟不錯，被外人輕易得知，就容易被借錢而破財。通常除非是家人或是很好的朋友，才會請到廚房餐廳用餐。一般的朋友，應該僅止於在客廳聊天。讓外人直接看到廚房餐桌，就代表家中隱私被一覽無遺，財富容易引人覬覦，而被劫財，或漏財、破財。

站在大門的位置，如果看到和對面鄰居有近距離門對門的狀況，就會產生門口煞，即所謂「相罵門」的狀況，容易造成鄰居不和。更嚴重的是和對門的鄰居有門互切的狀況，爭執會更嚴重。如果對面的門比我們家的門大，就會產生了「大門吃小門，一門興盛一門衰」的煞氣問題。

站在大門口，也需觀察大門和門外樓梯是否有足夠的趨緩空間。若趨緩空間不足，大門外見到樓梯往上的牽牛煞，代表事業發展辛苦。樓梯往下或有下坡的牽鼻水，代表錢財往下漏，坡度越陡，漏得越厲害。

站在大門口，如果看到大門外面的龍虎邊及外明堂開闊，出外就能風風光光。如果開門撞壁，事業前途就有受阻的狀況。或者是門一打開，就看到天花板上有未包覆的長形燈管沖射大門－稱作弓箭煞，代表出門就被一箭穿心的煞氣。

門口如果有開放式鞋櫃的臭味，會有口臭門的問題。如果有交錯門，也就是大門有內外門同一個門框，但卻有不同門軸的狀況，代表家人不同心的問題。

另外從門口內外龍邊和虎邊，也可以看出許多問題。譬如說門口外龍邊寬闊，虎邊較狹窄，而門內龍邊較狹窄，虎邊寬闊。這代表了這一家的女主人在外面很給男主人面子，但回到家之後，反而是女主人較強勢。

如果大門有左右兩片但大小不一致，稱為子母門。站在門內向外看，左邊大右邊小，稱作左大右小主換妻。代表女主人可能有健康問題甚至死亡，或者是離婚，或者是男主人在外容易有外遇。若是右邊大左邊小，則稱作右大左小主孤寡。代表男主人健康容易出問題，女主人可能會守寡。或者是男主人長期不在家，女主人形同守活寡。

站在大門口，如果看到大門上方壓樑或有穿心樑，代表會有很多令人擔心肝的衰事發生。

站在大門口，可以觀察門的顏色以及材質，是否和方位五行相應。如在東方的門，應該要採取綠色木系列或深藍色的水系列，以水生木。如果用紅色是屬於洩氣色，因為紅色屬火而木生火，木的氣會被火洩掉。用白色也不太恰當，因為金剋木，白色屬金的緣故。

站在大門口，可以觀察門是否方正，有沒有歪斜而造成邪門的狀況。或門有沒有破損的狀況，大門破損的話，代表會有影響門風的事發生。

站在大門口，可以觀察大門內外側牆壁是否平整。如果男生想找對象，但大門內外虎邊不平甚至狹窄的話，當然會較困難。

站在大門口，可以觀察玄關的擺設是否恰當。民俗上的說法，如果在玄關擺上佛像、貔貅、三腳蟾蜍等等，必須要按照位階擺放，佛像在上方，神獸在中間，動物在下方。門口也不可以擺放枯木之類的物品，會招來衰運。如果擺放大型鏡子，會將財運反射出去。

站在大門口，可以觀察是否有川堂風及穿堂風的問題。所謂川堂風，也就是指入門之後就看到好幾個門，如廁所門、房門、餐廳門、廚房門，氣一下子就會從這些門散出去了，無法達到藏風聚氣的效果。穿堂風是指從大門進入之後，就看到一片大落地窗，或是前後陽台，而且沒有聚氣的角落，氣直洩而出，無法在室內藏風納氣。風水上說陽宅第一凶，最忌穿堂風，氣喜回旋，忌直沖。

如果從門口就可以看到廁所，也是入門見廁不好的風水。相信還有更多可以從門口解讀的訊息喔！

讀者看了以上筆者所言，是不是相信「站在大門口，福禍知八九」了呢！想不到由大門口就可以看出這麼多訊息吧！

七、風水上的相不單論

不管是論人的面相、手相，或是在風水上都說「相不單論」，什麼是相不單論呢？也就是指不能單純地只看到一個表象或某種煞氣，就驟然斷定會發生何事。

譬如要判斷男主人是否事業受挫，沒有貴人運，必須要同時找到幾個證據，才能下這樣的判斷。

在中醫學上，也有所謂的「藏象學說」。臟腑中有病，在面相或身體外觀上也會顯現出來，同樣的在舌象和脈象上也會展現出來。所以為什麼要望、聞、問、切四診合參，就是要確保醫者能夠充分掌握證據，因此所得到的結論，才有相當的可靠性。唯有正確的診斷，才能給出正確的處方。

那麼在風水上，所謂的相不單論，是如何做綜合分析呢？舉例而言，分析小孩子的狀況，我們可以看方位上的西方兌位，有沒有出現什麼問題，譬如是否有缺角，因為西方主要是影響到後代子女。

另外也要看後陽台，因為後陽台是後代子孫的舞台，如果後陽台不乾淨，或者是有冷氣機對切到窗戶，或是熱水爐的擺放不當，或者是其他的外煞，譬如巷沖、壁刀等等，也都會影響到子女的現在與未來。

如果房間門打開之後對到另外一個房間門，稱作「相罵門」，也稱作「門口煞」。代表兩個房間的人易有口角紛爭。如果子女的房間和大人的房間門對門，也會有子女難以管教、頂嘴口角等狀況。

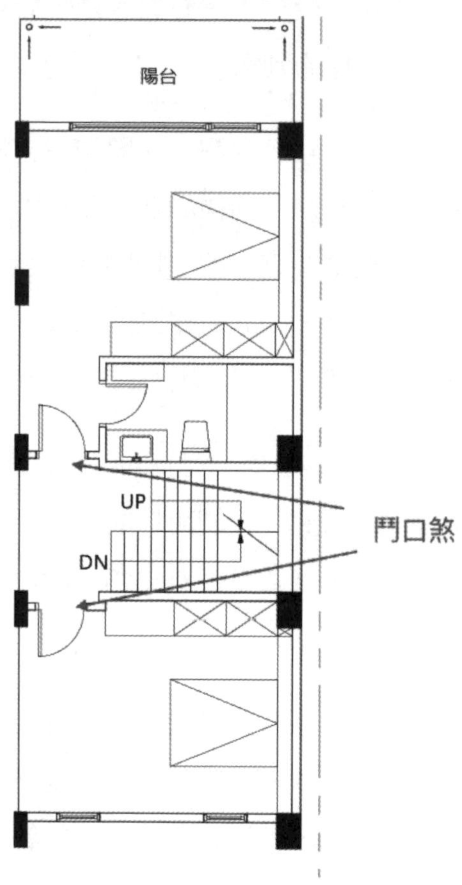

子女臥室與父母臥室門對門，代表容易頂嘴，不好管教

另外再配合子女房間，床位擺設是否恰當，有否有壓樑、廁所沖床，或者是背門，或者是床頭背後就是廁所、廚房…等等，這些也都會影響到子女的健康。因此結合這些出現的外相，才來對子女的問題做一個綜合的判斷，就可以如中醫望、聞、問、切一般的準確。如果只是看到單一的問題就論斷，可能會失真，或者是太過武斷。但如果各種的徵兆，都是指向同一個問題，那麼可信度以及可論斷性就相對提高。

又譬如要論斷男主人的事業，如果站在大門口看外在的龍邊，有斷龍煞，也就是一出大門口就有樓梯向下的狀況，或者是出門碰壁，或者是龍邊出現壁癌。進到了室內，客廳狹小甚至天花板過低，地面或牆壁凹凸不平，陽台看出去又是充滿煞氣，基本上已經可以論斷男主人的事業，肯定處處受挫。

如果進門又看到了川堂風或者是穿堂風的話，那麼肯定會有破財的問題。再加上客廳沙發背無靠，那更是容易犯小人。若主臥又是三門通，代表漏財連連，那真是屋漏偏逢連夜雨，肯定運勢低落。

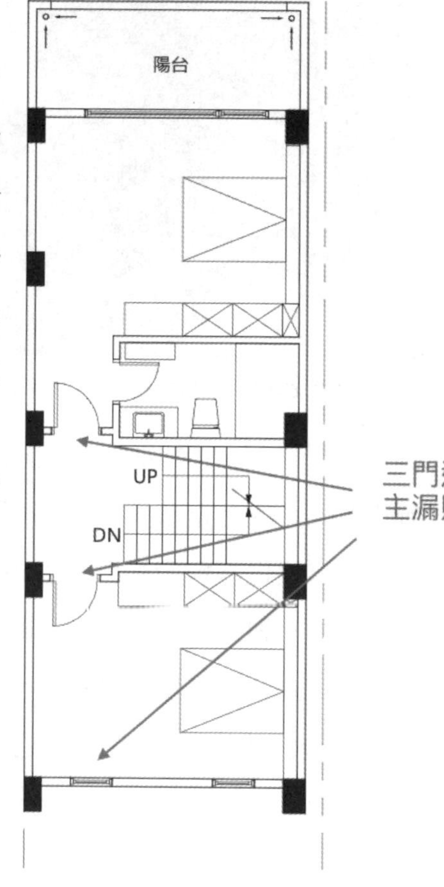

以上的例子，就是在說明相不單論，風水師看到一個相之後，會先有一個直覺，在心中已經有了個底，加上再確認其他出現的相，心中的底氣就更加地實在。在論斷的時候才不會太過武斷，有幾分證據說幾分話，才是一個專業負責的態度。

八、由宅相論斷家庭關係與健康

根據相宅如相人，以及相不單論的理論，什麼人就會選到什麼樣的房子。當我們分析整個房子的內外格局，就可以知道這個家庭發生了什麼狀況，家人關係如何，健康狀況如何。

這是一個結合整體的分析所做出來的結論，就如同中醫要診斷一個人的疾病，需要結合望、聞、問、切的過程一樣。先用眼睛望：也就是觀察患者的外部表現，如舌象、氣色、精神狀況、走路姿態、疼痛部分是否紅腫…等。再用聞：包括用鼻子聞，及耳朵聽，患者身上所散發的氣味，如是否口臭上火，說話語調高低強弱，是否有中氣不足…等。再用問：問清楚疾病發生的原因及症狀。最後切：切指的是診脈及身體的觸診，如按壓肚子，是按了更痛，還是按了疼痛較緩解…等。經過詳細的診斷後，才能夠得到一個病情的結論，並下處方，及預測疾病的後續是否容易好轉。

譬如要看夫妻關係，如果在主臥室的房間內擺了兩張床，除非其中的一張床是嬰兒床。以風水學而言，一房擺兩床，是容易有外遇的格局，但以實際的狀況而言，為什麼主臥室要擺兩個床呢？這代表夫妻的關係已經沒有同心了，房事關係也肯定出現很大的問題。如果再加上床頭上方有樑壓，潛意識裡無形的壓力會更大，健康容易產生問題，也會影響思緒判斷的精準度。

若是房間門對到壁刀，或與另外一個門互切，也代表容易有口舌之爭，甚至講話直接，刀刀見骨。如果這些現象都出現了，夫妻與家人的關係可想而知。而且天天被壁刀切，也容易有健康及意外血光的問題。由門內往外看，壁刀切到左邊的龍邊，會影響男生；切到右邊的虎邊，則會影響女生。

由這個角度來看，風水師可說是房宅的醫生。首先進行一系列的觀察及發現問題，經綜合判斷後，診斷問題所在，再根據問題對症下藥，進行調理。

九、由宅相論男女主人的強弱

如果房子由內往外看，地勢左邊龍邊低，右邊虎邊高，可初步判斷家中是由女性掌權。

如果打開大門，由裡面向外看，左邊龍邊碰壁。進到大門之後，左邊龍邊又碰壁，而客廳的位置在右邊的虎邊，變成所謂的「龍居虎穴」的狀況。一般而言，客廳應該是屬於男主人事業發展的象徵領域，位在左邊的龍邊應該會較恰當，現在位置反而到了虎邊，這就是「龍居虎穴」，會導致男主人心理上較壓抑。

如果又從客廳的前陽台向外望，外面虎邊的大樓又遠高於龍邊的大樓，形成了虎高龍低的現象，基本上已經可以斷定在這個家中，女主人的氣勢較強，男主人相對較軟弱且壓抑。

但若是客廳的格局，雖然在虎邊，龍居虎穴的格局，但從大門及前陽台往外望的話，龍邊開闊，而且客廳的格局寬敞且方正，這也是一個財官兩正的格局。這樣的格局雖然是龍居虎穴，就比較無妨。這種格局提示了女主人在家有她的堅持主張，不會都聽男主人的，但男主人也不會軟弱壓抑，夫妻雙方能夠彼此互相尊重。因此必須綜合分析所有的情況，再來判斷。

十、房中房及主臥室裡面不可以擺兩張床的問題

有些風水老師會提到，「房中房」會有二房。房中房也就是在一個房間裡面，又另外隔出另一個空間，譬如說更衣室比例過大，超過整個房間的三分之一。或更衣室裡面又擺上一張床，就很容易形成房中房。也就是婚姻容易產生問題，有外遇爛桃花等狀況發生。這當然還是要配合上其他的煞氣才能斷定，所謂相不單論。

為什麼說主臥室裡面不可以擺兩張床，不然就容易發生外遇。因為主臥室擺了兩張床，原因不外乎是夫妻關係不睦分床睡，或者是因為孩子還小，和父母同睡在房間裡面，因此另外擺了一張小床。

這兩種情況，都會影響夫妻之間的床第關係，為什麼會分床睡，代表夫妻關係已經出現問題。而孩子與父母同睡，除了夫妻的房事，會較有壓力無法放鬆外，太太通常會把注意力放在孩子身上，可能會忽略了先生，因此日子一久，先生就容易往外發展，而有爛桃花的情況。

所以我們對風水的看法，要探求背後的原因，而不只是說多了一張床就會外遇，另外擺一張床的原因在那裡，要擺多久，這也是需要思考的。孩子還很小的時候，可以和父母住一個房間。但超過三歲以上，應該就要讓小孩子自己睡。

以上這些原因，當然容易誘發丈夫有外遇小三的危機，但要用心經營夫妻的關係，房事也要和諧，才是斷絕小三的根本之道。

十一、流水盆的擺放位置

時來運轉的流水盆，適合放在不易藏風納氣之處，如冷氣機下或財位見窗的地方。流水盆的水氣，可讓氣界水則止，而得到藏風納氣之功。若財位已經是相當良好且成形，就不一定需要用流水盆。

要注意水流方向要朝屋內，而且要經常換水，才不會導

致水質變濁膩，造成招財不成，反而破財的狀況。

在筆者的診所辦公桌上，擺放了一個流水盆，水流方向朝向進門四十五度角，有兩面實牆的明財位上。流水盆在水流經的方向，按順序放上綠、紅、黃、白、黑的水晶，象徵木、火、土、金、水的五行相生。並且放上三枚紐西蘭一元銅幣，有奇異鳥圖案，尖嘴朝外，象徵咬錢進來。流水盆的水流經錢幣，也是代表帶財水進來。再加上造霧器所產生煙霧繚繞的效果，不但吸引人，也更有利藏風納氣。

有造霧效果的流水盆，煙霧繚繞，有利於藏風納氣

十二、鏡子的放置問題

有些風水師說在財位後方裝鏡子，可以讓財富加倍，讓財富源源不斷進來。其實這樣的作法，會化實為虛，化有為無，讓原本有財位的實牆變虛變空，反而會造成財位見空。

光波遇到鏡子會產生反射，氣的微波也是如此。所以為什麼在進門四十五度角的明財位之處，並不適合放鏡子。因為它會將氣的微波反射出去，而失去了兩片實牆夾角，原本可以藏風納氣的功能。

因為鏡子有反射的效果，在使用時要相當注意。風水上的說法，鏡子常用來制煞，如八卦鏡的使用。凸面用作鬥法及反射煞氣，凹面用作縮小煞氣或收妖，平面鏡則用來反射煞氣。在使用上，風水師一般都會強調不要對到別人的住宅，以免造成糾紛。

將鏡子放在餐桌後方，而且不照到椅背的原則上，有讓食物加倍豐盛的效果。但若鏡子照到椅背，坐在該座位的人，在潛意識中就會產生不安全感，而不想久坐，不利家人團聚。

禁止兩個鏡子對照，鏡中有鏡，會有無限空間的延伸，也會有招陰的危險。

以民俗上的說法而言，為什麼鏡子的反射可以化煞，因為鏡子反射可以趕走靈體，讓靈體看到鏡子之後，自己嚇到自己後就離開了。同理可證，神明也是靈體，同樣地也不喜歡看到鏡子，自己嚇自己。因此若玄關擺放鏡子，就會嚇走財神，放在財位也會嚇走財神。將鏡子放在神明桌對面，亦會造成退神的結果。

為何鏡子不可對門，除了因為鏡子的反射，會創造另一個門，而造成門口煞之外。另外一個原因，民俗上的說法，就是有形則有靈。門有門神，鏡照門，等於是拿鏡子照門神，是對門神不敬，神靈豈會護祐？有些風水師也提到，若拿八卦鏡、山海鎮等鏡面物，到廟的主爐過火時，千萬不可將鏡面對著神明，也是因為對神明不敬。

同樣地，為何鏡不能照爐灶，鏡中有灶，除了會變成兩個爐灶，導致家人火氣大，容易引發爭執之外。也會造成家中產生兩位女主人，如婆媳不合、母女不合，甚至外遇，此外也是對灶神不敬。為何鏡不能照床，除了會導致男女主人易招致爛桃花，有外遇的風險之外，也是對床母不敬。

十三、風水問題只改一半

有些人因為預算有限，會想說家中的風水問題，是否可以只先改一半，其他的部分等有錢再來處理？

家中風水問題不能只改一半，不然還是會有狀況。不一定要選擇花大錢的方式，但通通都要處理。就像是塑膠袋有十個破洞，堵了七個破洞後，剩下三個破洞，一樣會漏水，最後還是漏光光。在不能換塑膠袋的前提下，至少可以用膠帶先黏貼好所有破洞處。

例如沒有預算做實牆玄關擋住穿堂風，至少可以買一個較大的屏風放置在玄關處，也一樣有效果。經濟寬裕可以選擇徹底解決的方案，手頭較緊就選擇退而求其次的方案。用有限的預算，去解決或降低所有的煞氣問題。

預算不足，無法做玄關時，可先用屏風擋住穿堂風

十四、風水的調整要經過多久才有效

風水的調整要經過多久才有效，有些風水老師說三個月，有些風水老師說半年，因為氣在家裡頭的運作調整，是需要花一點時間。時間雖然不同，但調整之後的心理感受是比較立即性的。根據筆者個人體會，只要調整得宜的話，一些輕微的狀況，還是可以很快見效的。

而有些風水老師在風水化煞物的使用上，為了確保效果，會同時使用幾種化煞物。譬如後陽台遇到了巷沖，他們會建議除了掛山海鎮之外，再加上反光玻璃反射煞氣，確保效果。以筆者而言，則建議種些植物擋煞。

種植物擋煞

其實這些和中醫治療原理上是一致的，以筆者治療患者而言，一般雖然單用扎針效果就很好，但是面臨到病程較長及病情較嚴重的患者，會再加上刮痧拔罐的治療。一方面確保療效，一方面也是讓患者看到刮痧拔罐出來的痧象，進而了解自身問題的嚴重程度，讓證據來說話。這對患者生理或心理的層面，都能起到效果，在治療上的配合度也會更高。

治療完之後，筆者也會給患者自我鍛鍊的家庭作業，包括自我推拿、甩手功、拍打丹田、熱敷患處…等方式。治療是一個合作的過程，醫者負責醫者專業的部分，但患者也要配合醫囑及做自我鍛鍊，這樣子療效才會增強。

同樣的道理，在風水的調整上，一位好的風水師要有專業的知識，提出適合委託人的建議，告知委託人有幾種可以使用的調整方案。但調整之後，委託人如何保持調整後的狀況，以及家裡頭是否能夠常保乾淨，心態上是否也調整提升，都會影響到調整的效果。

有些風水師會強調，想要讓風水的改善有較佳的效果，第一要孝順父母，第二要多讀書，其實重點也是在幫助提升委託人心靈的層次。如果一個人只是想透過風水的改變，就可以讓生活變得非常美好，自己並不想做任何調整，那麼風水只會淪為一種迷信。

但如果發現最近好像諸事不順，在調整完風水之後，也能將自己的身心靈做一番提升，改變自己的心態，讓自己的心靈更加充滿善念與正念，面對外在的人事物都能感恩惜福，相信風水的調整效果會事半功倍。

另外要了解的是，風水上的調整，正如調整一個人的體質一樣。有些人的體質原木就很強健，只是因為飲食上的錯誤，而造成短暫性的失衡，改變飲食習慣之後，身體馬上恢復健康。但有些人的體質有先天性器質性的病變，或有長期的慢性病，再加上長期吃藥所造成的副作用，導致身體素質極差，調整的效果相對有限。

縱使醫者醫術高明，也不是都能妙手回春，藥到病除，俗話說「神仙難救無命人」。有些狀況，連神仙都束手無策。

以風水而言，譬如房子位於已經乾枯的河流出口處，從風水的角度來講，是屬於不吉的地形。因為地質上是屬於沖積的平原，地質結構不穩定，就好像是在沙堆上蓋城堡一樣，在這樣子的地方居住，比較會有潛在的隱患。以風水而言，河流的出口處，就是曾經氣流散出的出口，房屋的地氣也比較沒有辦法凝聚。這樣的房子，對整個家運或者是個人運勢相對不利。面對這種先天不良體質的房子，調整效果也會較有限，較難達到藏風納氣的目的。

所以也千萬別相信風水萬能，調好風水，一切問題都會解決。房屋本身的體質，也就是內外環境的狀況，都必須做一番評估。如果是極惡風水，開窗開門就見到多個高壓電桶，還是一句話，趕快搬家吧！

十五、改了風水，是否就可以諸事順利

風水在天時、地利、人和中，佔了三分之一，但其他兩項，也不可忽視。當經濟大蕭條的時候，所有的生意都變差了，就算居家或店鋪風水做了調整，但大環境的困難，還是

會有很大的影響。如 2020 年的新冠肺炎 (COVID-19) 對全世界的經濟造成重創，許多餐飲、旅館、旅遊業…等等行業相繼關門倒閉，這是天時的大影響。縱使居家及商鋪風水不差，也恐怕難逃天運大劫。但在壞的天時中，還是有人賺錢，這是個人的福報因緣。

如果天時的大環境不是太惡劣的話，有緣找到好的風水師調整好風水之後，最起碼狀況不會變糟，而且風水環境變好，人的頭腦思緒也會較清楚，較能做出正確的判斷，而找到因應之道或轉型方案。

人和方面，也要真誠地思考如何改變提升心念，轉化負面想法，改善人際關係。如果一心只想求財，但什麼也不想改，這樣也是沒用。脾氣毛病不改，改了風水，人際關係就會變好嗎？不尊敬長上，會有貴人運嗎？不懂得體恤照顧人，會招到好桃花嗎？身體健康出問題，可以只靠調整風水而不看醫生嗎？ 不做心性上的調整，只想花點錢，擺些招財化煞物，以為命運就可以改變，這有可能嗎？這是本末倒置的迷信。

就算是好運到了，也是把握不到，因為沒有相對應身心靈的提升調整，最後也是無福消受。我們雖然要相信風水有調整的力量，但在人事上也是要先盡心。

另外也要知道風水只是調整，而不是萬能，調整後能夠改善，但也是有條件限制。譬如風水能夠改善破財的狀況，但不一定能夠讓我們變成富翁。能改善識人不清的狀況，但不一定能讓我們充滿智慧。

十六、水晶的淨化問題

有些風水老師會建議用不同顏色的水晶開運。譬如說紫水晶可增加智慧，黃水晶招偏財，綠水晶招正財，粉晶招桃花等等。但我們要知道，這些都不是正統或傳統的風水意涵，而是屬於現代人對水晶的某些看法，進而把水晶當作是一種運用的工具。

對於紫水晶是否可以增加智慧，綠水晶是否可以招正財…等，筆者不下評論。筆者建議的是，要增加智慧，要透過多讀書、淨化內心等個人修為。要招正財要增加自己的學養，多充實自己的專業能力，這才是正道。

但在風水上，水晶是否也有可以運用的風水意涵呢？答案是肯定的。這聽來似乎很矛盾，其實並不會。水晶若是要符合傳統的風水意涵，那就要回到五行的考量。如紫水晶屬火、黃水晶屬土、白水晶屬金、綠水晶屬木、黑曜石屬水。而晶洞的形狀，三角形屬火、長直形屬木、方形屬土、半圓形屬金、不規則形屬水。把萬事萬物都歸入五行，就符合傳統意義上的風水了。如白色的圓形水晶球，就是屬金的物品，可用來增加金的能量，或增加水的能量。三角形的紫水晶屬火，可用來增加火或土的能量。其餘以此類推。

所以筆者在運用水晶時，並不是使用紫水晶可以增加智慧這樣的概念，而是運用其五行的屬性。如紫水晶屬火，可以放在和火相關的方位，以火來生旺火。或是放在土的方位，因為五行中，火會生土，可用紫水晶的火性增加土方位的能量。有關五行與方位的問題，可參照本篇《如何運用五行開運》一節。

由於水晶是原石，也具有原石的能量。因此水晶需要定期淨化，以免吸收太多的雜氣穢氣，造成磁場的混亂汙濁，反而造成運勢低落。

有關水晶的淨化問題，在網路上可以找到各種的方式，筆者所採用的方式是，將水晶用密封袋包好放到冷凍庫當中，至少冷凍一天，再拿出來。這個冷凍庫，不能冰過葷食，以免水晶沾染血腥穢氣。

再找一個農民曆當中適合祈福納財的日子，禱告祈福，虔誠地請菩薩或聖靈護佑加持，觀想白光或是金光淨化水晶及財位、桃花位，再把水晶放到財位、桃花位上。禮成後雙手合十，感恩諸佛菩薩聖靈護佑眷顧，搭配手機播放鞭炮聲。

必須說明的是，以上這些淨化水晶的內容及步驟，都不是屬於正統及傳統的風水意涵，而是屬於宗教或心理暗示的層面。但若能恰當地運用，還是有其效果，所以筆者認為可以適當地斟酌使用。

有些風水師會提到這些開運物要拿到廟裡，向主神稟報自己的名字、居住地址以及所遭遇的問題，之後在廟的天公爐或主爐過火順時鐘轉三圈，再將開運物或是化煞物拿回家擺放。

筆者認為重點是誠心為上，在求諸天神佛菩薩慈悲加持時，也應當適可而止。不可貪心各項都要祈求，反而會適得其反。心地單純，念力能量自然會精純。重點是要感恩諸天神佛菩薩或聖靈護持保佑，以及自身願意做心靈的提升改變。

筆者自身的實例，有一次感覺自己的診所診務明顯下滑，三天內居然沒有一通新患者的電話，和平日狀況比較起來，明顯異常。反覆思索問題出在何處，對照了風水格局擺設都沒有問題，就算是把流水盆的水換上乾淨的水，情況依舊。最後把水晶做了上述的淨化及祈福之後，當天立刻就覺得有所不同，也親證淨化磁場的神奇效果。不過這其中也包含了水晶的淨化、諸佛菩薩、聖靈的護佑，及自身觀想的念力等因素。

水晶需要定期淨化，以免吸收太多雜氣穢氣，擾亂磁場

十七、採用針狀植物化煞，是否也會傷到自身

化煞可分遮、擋、化、鬥、避，使用時當然也要小心。

水能載舟亦能覆舟，如養惡犬雖能為主人看家護院，但若不小心，也可能反被咬傷。像仙人掌一類的針狀植物，只可種在屋外，種在面對煞氣方。而在針狀植物的後面，也就是靠近家中的這一側，最好要有闊葉植物或用松木板擋住保護，避免針狀煞氣傷到自身。

針狀植物

針狀植物的後面，最好要有闊葉植物或松木板擋住

十八、一命、二運、三風水、四積德、五讀書

古人說：「一命、二運、三風水、四積德、五讀書」，這段話的含意蠻值得我們細細品味。另一句耳熟能詳的話「生死有命，富貴在天」，說的就是一種對人生命格的體悟。當一個人出生時，命格中的八字已定，可變動的相當有限。算命的目的為何？當然是為了知命，想知道命裡會發生什麼

事？ 但知道之後又如何呢？只能認命，所謂命中注定，命該如此。不想認命的，就要趕快改命。改命不是拿錢給命理老師幫忙改，正直的命理師一定會勸人行善布施積德，這才是改命正法，有興趣的讀者，可以讀《了凡四訓》一書。

而運包括大運和流年運，有高低好壞的變化，所謂「天有不測風雲，人有旦夕禍福」，說的就是運勢的變化。但這是和自己相對比較而言，若是自己的福報較大，雖然是運勢走下坡，但若是和別人相比較的話，仍然還是小康。

一個億萬富翁，就算是流年不利，投資失利，損失五千萬，但他仍有五千萬，經濟情況還是遠遠勝過許多人。只是這其中的心理調適，就要看個人的情商 EQ 如何了。有人每次都考第一名，某次考第二名就想不開了。有人總是考最後一名，某次考倒數第二，就歡天喜地。可見幸福指數和情商指數成正比。

命和運可透過人為操作改變的，實在有限。比較有機會改變人生生命軌跡的，就是要靠風水、積德、讀書這後三項。

而這三項中，風水又在前面的排名。因此，可見它的重要性。好的風水環境，依山傍水，風景秀麗，稟賦著天地孕育的靈氣。充足的陽光，流通的空氣，清澈甘甜的水流環抱，地靈當然人傑。除了地理風水之外，居家環境還需有鄰里環境及鄰近設施的考量。由孟母三遷的故事，可以知道居家鄰近環境的影響極大。選到好的風水，地靈人傑，住在不良的風水之處，衰事連連。透過風水的調理，讓人能夠趨吉避凶，而且重點是收效迅速，所以風水排在第三名。

當然積德也是非常重要的，「積善之家必有餘慶」，這是老祖宗的智慧，人一輩子的富貴，來自於個人過去所累積的福報因緣，但若沒有這輩子的德行做基礎的話，終究是不長久。「積德蔭子孫」，有德之人不但會修養自身的品德，而且也較隨遇而安，不汲汲於名利的追求，「不以物喜，不以己悲」。家中長輩有德行，自然子孫也會效法。我們看到許多有錢人去世後，子孫爭產，兄弟反目，這樣的富貴反而帶來災難，不是可悲嗎？

而讀書的重要性，當然古代文人要靠讀書參加科舉考試，得到功名之後，才有機會改變自己的命運，晉升於士大夫之列，這是指較物質的層面。但除此之外，讀書能效法聖賢胸懷，增廣見聞，開闊心胸，明白事理，「窮則獨善其身，達則兼善天下」，飽讀詩書且有涵養之人，「腹有詩書氣自華」，而且行為舉止彬彬有禮，自然會受人尊重。

十九、如果風水那麼有效的話，風水師調好自己家的風水就大發了，何必辛苦出來幫人看風水

有人會認為如果風水真的那麼有效的話，風水師將自己家的風水調整好了，不就大發了，何必要辛苦地出來幫別人看風水呢？問這個問題的人，並不瞭解每個人有不同的福報與命格。

就如同之前提到的「一命、二運、三風水、四積德、五讀書」，風水是排第三。風水上能做的工作，只是在委託人現有的福報狀況之下，將居住的地理磁場，調整到相對較佳的狀態。並不是讓委託人無中生有，突然就能得到很大的福報。

舉例來說，如果委託人的命中原本有五千萬資產，但是因為家中風水不當或其他個人因素，導致狂漏財，掉到只剩下五百萬的資產，若不調整現況，可能會更加惡化。但經過好的風水師調理風水，並建議要真誠行善積德，淨化內心之後，情況就能得到改善。因此，風水是在委託人現有的福報狀況之下，將居住的地理磁場，調整到相對較佳的狀態。

當然調整好磁場，心念也淨化了，頭腦自然會清楚，投資理財就能相對正確。外在的貴人運也增加了，當然財運就會改善，資產也會漸漸增加。

當然，風水師個人的福報也不同，命中原本就有的福報，經過自我居家風水調理，再不斷地淨化內心，真誠行善布施積德，並且增加自己的風水專業能力，當然也能發達。但能發達到什麼程度，也是取決於自身的福報。總不可能說，命中福報有一千萬，經過自我風水調理後，會變成一億。這是不可能，也不符合因果法則的。

二十、家中擺設人造花或印刷品畫作

很多風水師認為家中不要有人造花，因為人造的東西虛情假意。但筆者認為，人造物品的問題，主要是看這個物品的格調，是否有著明顯的人造庸俗感，缺乏貴氣。譬如招財物品，不管是人造的還是純手工的，主要是取其吉兆，產生心理或潛意識層面的影響。如山水畫雖是印刷品，但如果作工精美，看起來賞心悅目，再加上個人心念對畫作發出正面喜悅的能量，還是很有幫助。反之雖是手繪作品，但畫工極差，使人心生厭煩，反而會產生負面能量。

當然，通常手繪或純手工作品價值不斐，買回來之後，自然會較珍惜。而且手繪的作品當中，有創作者用心創作的能量融入，所以一般風水師，會較主張擺設手繪或手工作品，不要用假花之類的東西。以這個角度來看，在經濟許可的情況下，買名家手繪或手工創造原木原石的作品，而且作品本身意境良好，自然有相對加分效果。

手繪畫作

印刷品的畫布

但其實這是牽涉到能量的問題，「有形就有靈」，就算是印刷品的話，也是有相對的能量，主要是取決於作品本身的精美程度。如果製作精美且意境良好的話，會讓人產生愉悅的心情，能量也是不低。當然粗糙庸俗的作品，就會讓人厭煩，也會讓客人來到這個家中產生不良的印象，這樣當然會造成貴人遠離等負面的效果。

而且和觀賞者的心念磁場也有關係，這是一股交流的能量。如果觀賞者看這個作品時，覺得賞心悅目很投緣的話，這個作品就產生好的能量。

如果這個作品雖然是名家之作，但觀賞者看這個作品覺得不順眼的話，那麼也只會產生負面的能量。所以這是相對而言，不能一概而論。不能只考慮到是否是手繪或手工，而忽略了觀賞者本身跟擺設物品之間的能量交流，心念的力量是相當巨大的。

曾經有某位風水師幫鑑賞師看風水，順便也將自己所珍藏的唐卡，請鑑賞師來鑑定價值。他說這是他的上師所贈送的唐卡，並認為至少值二、三十萬台幣，結果鑑賞師說這只是一幅印刷品，論價錢只值兩、三千元。雖然這位風水師難掩失望之情，但是他表示這是上師所送的，有上師的加持能量。

其實物品的價值，不只是物品的價錢，還有心靈能量的交流。唐卡有上師的加持，對虔誠的弟子而言，它的價值是相當高的，當然也就能夠產生極大的能量。其實並不需要也不應該去鑑價，當虔誠的弟子看到這幅唐卡時，就如同見到上師，生發出恭敬的心，這就是無價之寶。所以價錢有時不能和價值畫上等號。因為人心意識的關係，有時在鑑價後，反而會影響到對這幅唐卡及上師的恭敬心。

對很多收藏品而言，識貨的人當作是寶，不識貨的人，只會當作是尋常之物，所以不能忽視人和物品交流的能量。

二十一、迴風煞

風水節目中，經常會提到迴風煞，如一面牆有兩個門，或是廁所有兩個門，以供不同房間的人共用。或落地窗和門太過接近，形成風洞，風會在兩門或落地窗之間形成迴旋的風，迴風的氣在屋內或房內原地打轉，就會造成迴風煞。另外有一種較大型的迴風煞，譬如後陽台同時可通相鄰的廚房及房間這類型的迴風煞。

迴風煞的結果，屋內的氣場會猶如陀螺一樣旋轉，影響人的磁場也如陀螺一樣原地旋轉。往往會造成住在這個房間的人，容易頭昏眼花，頭腦不清，做事裹足不前、優柔寡斷、反反覆覆、一事無成，最後的結果是人丁不聚。以過去的社會而言，男人在外要拼事業，這樣的磁場當然對男人不利，其實是對住在該房間的任何人都不利。

在風水學上，迴風煞的影響，通常是指人丁不聚。也就是指如果家中有這種迴風煞的現象，想生子的，較沒有機會生男孩；已經有男孩的家庭，搬入迴風煞的房子，男孩稍大後，也會比較不想待在家，老想往外跑。

筆者曾經看過一間診所的風水，其中一個診間有兩個門，筆者告訴委託人這是會導致財散人不聚的迴風煞，必須要解決。試想當患者在這個診間裡面接受治療時，看到前後有兩個門，自然會覺得沒有安全感。如果這是一間手術房，那情況就更糟糕了。在進行手術的過程中，突然有人從後門闖進來，醫師可能會受到驚嚇分神，而導致手術失敗，需要面對後續接踵而來的官司纏身，所以不可不慎。

熟悉功夫格鬥的人都知道，當被幾個人圍攻而無法逃脫時，至少要退到牆角，因為只要專心對付前面的攻擊者，不用擔心會被人從後面偷襲。

同理，一間房間內，為什麼不可以開兩個門，因為如此一來，人的潛意識中，會產生極度的不安全感，就不會想待在這裡。就算是待在這裡，也會經常分心，頭腦不清楚，做事不專心，當然對前途事業的發展，就會有很大的阻礙，最後導致財散人不聚的結果。

一房兩門互通的迴風煞

二十二、廚房沒有門，那來女主人

廚房是屬於女主人的領地，在自己專屬的天地裡面，可以自由發揮，不會受到干擾。但若是開放式的廚房，風水上稱作堂灶不分，這樣子就會造成了女主人沒有專屬的領地，家庭的地位相對不穩固。

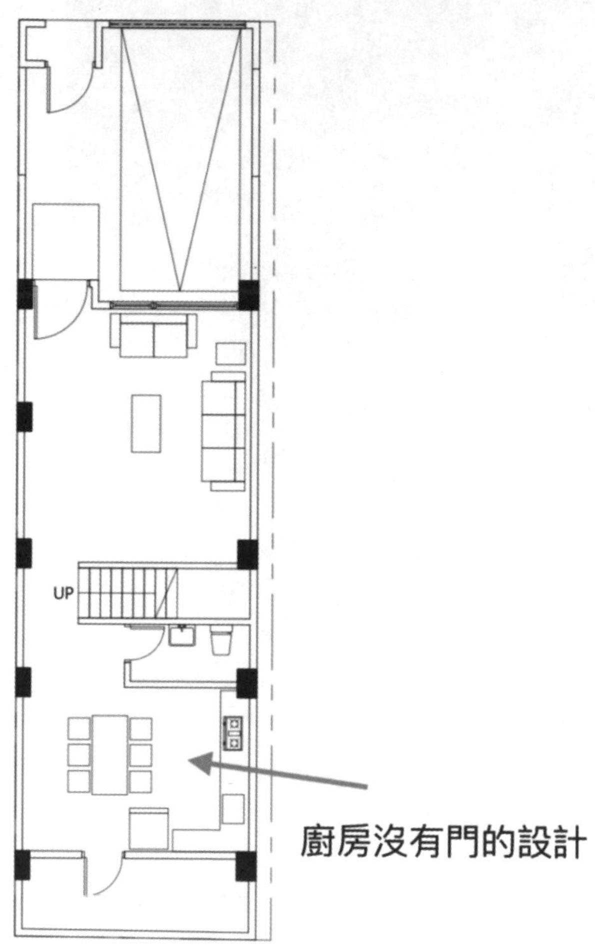
UP
廚房沒有門的設計

另外要思考的是，如果廚房沒有門和外在做隔絕的話，那麼廚房的油煙，就會飄到餐廳、客廳，甚至房間，讓人產生不愉悅的感覺，潛意識當中，就令人不想待在家中。

什麼人選什麼樣的房子，如果一個人想要求姻緣桃花，但是他所選擇的廚房是很狹窄髒亂的，代表他並沒有真正看重女主人，比較以男性的本位主義來思考決定事情。就算是有良好的女性出現，也會因為他的不尊重女性而使好桃花離去。

二十三、明廳暗房

風水上講求明廳暗房，如果客廳昏暗的話，回到家之後會覺得太過沉重，沒有一種舒適放鬆的感覺，就會不喜歡待在家中。

客廳的光亮度很重要，客廳要明亮，事業前途才會光亮，才能真正的風風光光。有人為了要省錢，客廳只打開昏黃的燈泡，光線非常昏暗，雖然是省了小錢，但也造成前途黯淡的格局，事業發展受限。而這種人格特質，也較難以遇到貴人扶持，真可謂是因小失大。

但什麼人選什麼房，與人格特質有很大的關係，也因為人格特質而影響命運。因此除非在人格特質上，也能有所調整提升，不然就算是調整了風水，效果還是有限。但是可以透過調整風水的過程當中，給委託人良心的建議，畢竟風水只是佔天時、地利、人和當中的一環。

而暗房，是與廳的明亮度相對而言，並不是要非常昏暗。以房間而言，還是要有燈光照明，只是不用太亮，畢竟房間是睡覺休息之處。需要讀書可以到書房，想看電視可以到客廳，讓臥房很單純的只是當作休息的地方。在臥房也不應有太多的電子設備，造成磁場的干擾。以筆者而言，晚上手機要充電時，會拿到臥室外充電，避免電子磁場的長期干擾，而影響睡眠品質及身體狀況。

二十四、破財風水

在風水上常常會聽到破財，但是破財的原因有很多，譬如說血光之災、生病、未預期的開銷、識人不清而亂投資。

家中內格局所產生的煞氣，譬如說樑刀、柱刀、梯刀、燈刀、房中針，都容易導致有意外血光的可能性。意外血光發生了，需要就醫，也會影響工作，當然就破財了。

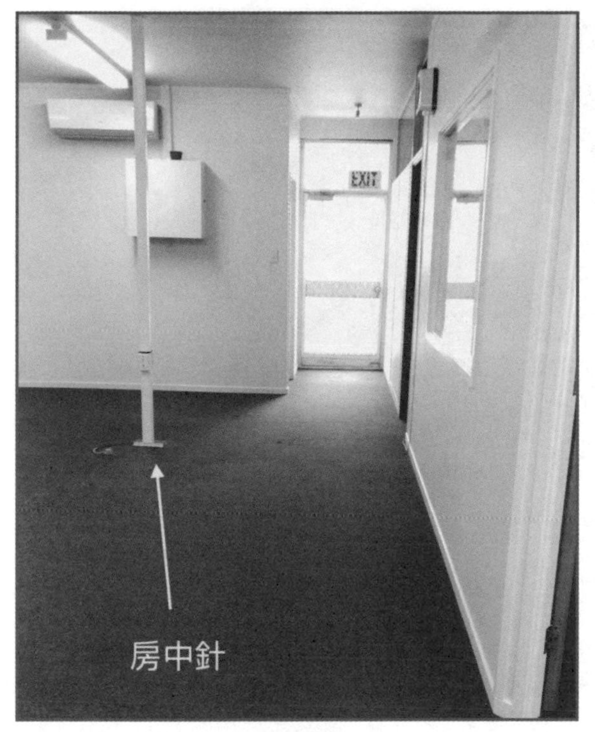

家中內格局所產生的煞氣，也會影響健康問題，從而導致破財。譬如說廁所沖床，也就是臥室中的廁所門打開，直接對到床鋪，甚至是廁所的馬桶對到床鋪，就容易產生健康的問題。沖到那個部位，就會影響到那個部位的健康問題。廁所穢氣沖到頭部上半身，會造成頭痛失眠；穢氣沖到身體中段腸胃，就會腸胃失調；沖到下半身，就容易產生婦科疾病、腳疾等等。生病就必須就醫，當然就破財了。

廁所掛過膝長簾，避免穢氣外溢，也避免廁沖床

另外穿堂風（進門就看到整面前陽台、後陽台）或川堂風（進門即看到多個門），或是進門四十五度角，沒有一個雙臂張開寬的兩面實牆夾角，這代表財位有破洞，無法聚氣。導致錢財左手進，右手出。

另外開門就見到餐桌，稱作開門見膳，代表主人好客，重朋友、好請客，但也容易被親友借錢不還。這些方面都要對症下藥，來防堵持續性的漏財、破財。

開門見餐桌，稱作開門見膳，也是破財格局

有些風水老師會提到「三門通，主漏財」，或是「三門通，錢財一路空」。通常會造成三門通的原因，有門對門的門口煞，再加一片落地窗。也可能是從前陽台的門可以直接對到廚房門，又從廚房門通到後陽台門。有些人的廚房門是用拉門做的，但有風水老師認為只要有門形在，「有形就有靈」，拉門也是門，因此有拉門的存在，還是構成「三門」的條件。必須要把廚房門拆掉，改成拉簾，或用屏風擋住。

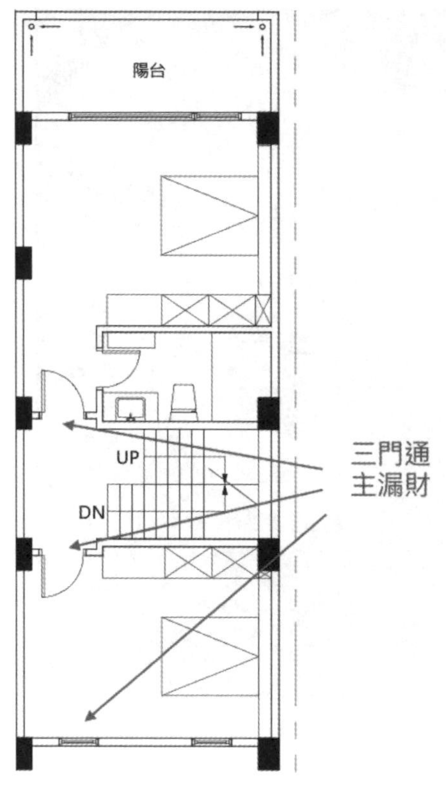

筆者的看法有點不同，「三門通，主漏財」的原因，我們要從藏風納氣的角度來看這件事，當然有這些門在那裡的話，肯定會經常開開關關，甚至開了就忘了關門，所以也就無法藏風納氣了。

因此要用屏風遮擋的原因，重點不是因為要去除廚房的門形「有形就有靈」的緣故。而是用屏風遮擋的話，屏風是固定在那裡，不會有門開開關關的問題，也就較能藏風納氣了。

二十五、廁所裡擺放土種黃金葛

若家中的文昌位不幸地落在廁所的方位，就稱作「汙穢文昌」，對家中所有成員的考運、讀書效率十分不利。必須在廁所馬桶上方，擺放土種黃金葛之類的植栽，且黃金葛上要綁上紅緞帶，因為這類植物屬陰，綁上紅緞帶可以轉陰為陽，再加上用鹵素燈投射在黃金葛上來作化解。若是廁所沒有對外窗的話，也可做這樣的化解處理。

如果廁所落在西方或西北方，西方或西北方在五行上屬金，金生水，而廁所屬水，水一直洩，也是在洩金氣，等於是在漏財。也可以種土種黃金葛之類的植栽，再加上鹵素燈投射來作化解。

藉著植物的光合作用，來淨化磁場。要使用鹵素燈而不用 LED 燈，是因為鹵素燈會產生熱度，像是一顆小太陽般散發熱力。

廁所擺放黃金葛之類的小植栽，綁上紅緞帶，並用鹵素燈投射植物

二十六、大門貼春字或是貼福字

有風水老師認為在大門不能夠貼春字或是貼福字，應該要貼招財進寶。認為說春只適合貼在米缸上，而福應該貼在家中其他位置。其實這都是心理暗示而已，不用太在意。

門口所貼的字，只要有吉祥的寓意即可。

但貼春和貼福，不應該倒著貼。過去有人因為不識字，將春和福字貼反了，發現錯誤後，才自我解釋說是春到了、福到了，但這其實是不對的。把字貼反是對文字的不敬，也隱含了把春和福倒出去的不良意涵。

二十七、路和水的不同

一般風水上的說法，「高一寸為山，低一寸為水」，但現在的城市中，不一定會常看到溪流、湖泊，因此也會把路當作是水來看。路為「虛水」的概念。

但路和水的性質又有不一樣的地方。水有止氣的作用，晉代郭璞的《葬書》當中說：「氣乘風則散，界水則止。」氣遇到水，就能停蓄，這跟水的蒸騰氣化的作用有關，像是一道水牆一樣。因此水能止氣，路沒辦法止氣。

二十八、為什麼不要住在廟宇或教堂旁邊

為什麼不要住在廟宇或教堂旁邊有幾種說法。第一種說

法是因為廟宇、教堂、神壇、殯儀館是屬於比較陰的地方，會吸引很多孤魂野鬼，所以比較陰。而且很多去廟宇教堂的人，在心靈上有所失落，想要到廟宇求取解答，他們的磁場比較低落，所以說住在廟宇旁邊的人，就容易會受到這些人的磁場影響。

另外一種說法是說廟宇都在風水寶地，旺氣很足，會吸收附近其他地方的氣。就如同武俠小說裡面所提到的吸星大法一樣，如果我們的辦公室或是居家陽宅，建在廟宇的旁邊，勢必形成他強我弱的格局，我們的旺氣容易被吸走。正如同大門吃小門的概念，如果對面鄰居的門比我們的門大，對方的氣勢就比我們強，我們就變弱了，因此矮人一截。

而且神壇廟宇常常有很多的宗教活動，噪音的程度也比較大。此外，神壇廟宇的建築，會有一些屋簷煞、燕尾煞、獸頭煞之類的煞氣，也會影響到住家陽宅的風水。

二十九、陽台的方向

以北半球而言，陽台的方向如果在東方，有紫氣東來之意。如果在南方，則有南風薰兮之意。陽台不宜設置在西方，以免每天都在看夕陽西下。也不適宜設在西北方，因為西北風不但寒冷，也有喝西北風之意。

前陽台代表事業發展的舞台，後陽台是後代子孫的舞台，有側陽台則代表容易有貴人相助。應該都要保持乾淨，不要雜物橫生。遇到陽台外的煞氣，可種植一些植物遮擋，眼不見為淨。

三十、龍過堂與虎過堂的問題

以形家而言，什麼是客廳的龍過堂和虎過堂呢？也就是以三人座的主沙發為準來立極定位。面對大門，向左右延伸，若龍邊較長，稱作龍過堂；若虎邊較長，稱作虎過堂。以形家的說法而言，龍過堂的格局，代表男人有威儀，有擔當，會照顧女人，長幼有序，親子關係佳，是比較好的格局安排。

而虎過堂的格局，則表示男人的能力會較弱，通常是女人持家，女人較勞碌，孩子也比較有主見，較不尊重長輩。

筆者認為居家風水擺設，首先要考慮空間的合理運用性。以客廳而言，如何擺放沙發，首先要考慮，主座位沙發上方有無壓樑，背後有沒有實牆可靠，是否有背門的狀況，是否能看到較好的景觀，對以上的種種因素綜合評估後，做出合理的擺放。當然經由這樣的調整，又能符合龍過堂會更佳，但這之間有個優先順序。

什麼人選什麼房子，若客廳雖是虎過堂的格局，但當事人的夫妻互動關係良好，雖家中廳堂格局不方便擺設成龍過堂，就不用刻意追求龍過堂，以擺設的合理性，做優先的考量。

三十一、玄武無靠的影響

若床位的背後是窗戶或門的話，就稱作玄武動，或是玄武無靠。這將導致住在該房間的人頭腦不清楚，身體健康受影響，缺乏貴人相助，有小人阻礙或是破財等問題。

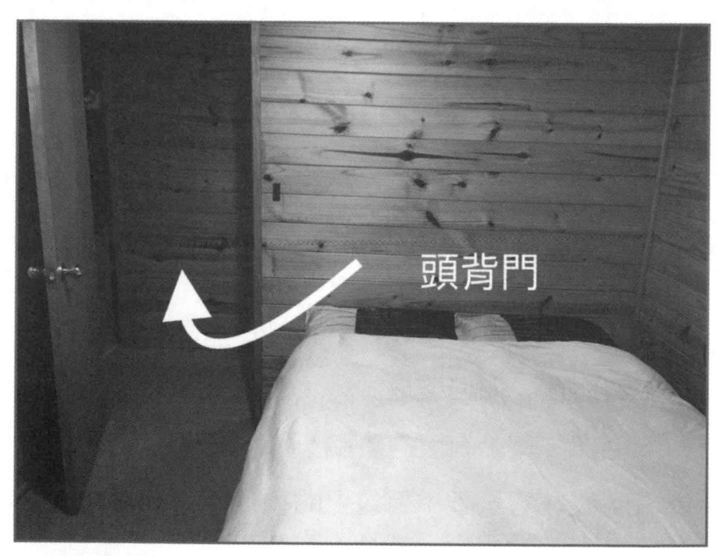

玄武主丁，玄武動損丁。若是玄武動的話，就會影響健康。人的頭部有百會穴，又稱諸陽之會。頭後有窗有門的話，百會穴就容易受風寒入侵，而影響健康。而且百會穴在督脈上，會影響脊椎，脊椎有問題的話，就會影響到夾脊穴，連帶地影響全身的健康。

從另外一個角度思考的話，健康就是財富，失去健康就失去一切。當一個人頭腦長期受風，或因為背門的問題，而長期心神不寧，所導致的結果就是睡眠障礙，精神無法集中，腦神經衰弱，也會有鼻塞、肺部問題。如此一來的話，精神常常無法集中，也難免容易發生意外血光之災，而導致破財。

因為精神不濟，也就沒有辦法在職場上全力以赴，心有餘而力不足，無法經營良好的人際關係。如此，容易讓他人產生負面的評價，原本可以得到的貴人相助，也變為小人阻礙。所以風水與健康、財富都有連帶關係。

三十二、富人講究，窮人將就

風水上有人說「富人講究、窮人將就」，這一句話頗耐人尋味。富人已經很富有了，但想要更富有，因此非常「講究」風水的布局。在用心規劃布局下，明堂開闊，家中寬敞明亮，氣機動線流暢。自然能藏風聚氣，而能招來好財運。

而窮人每天為了三餐疲於奔命，無心、無暇也沒錢請風水師來為家中做風水布局。凡事「將就」，日子過得去就好了。家中擁擠、塞滿雜物，導致穢氣、濁氣橫生，氣機不暢，自然也無法藏好風、納好氣，當然也無法招來財氣。

當然富貴窮通是牽涉到個人的福報問題，但風水好壞，也是造成富者越富、貧者越貧的重要原因之一。因此就算經濟條件不佳，還是要盡可能地讓家中保持乾淨明亮通風，並做適當的風水布局。

三十三、兩害相權取其輕

居家風水中，常有進了大門，就見到整片前陽台的格局，這稱作穿堂風。或者是一進門就見到廁所、廚房、餐廳、房間的川堂風格局。所謂的川堂風，就是指氣會像「川」字一樣，迅速地從各個門口散去。

風水上常用來解決穿堂風或川堂風的方法是設置玄關，或用屏風遮擋。但要注意的是，遮擋之後的動線引導至何處。如果為了解決穿堂風、川堂風的煞氣，而設置了玄關或屏風，但動線的引導，卻因此先看到了廚房、廁所、房間或餐廳，反而會製造更多的煞氣。

如果考量設置玄關或屏風，會產生以上的狀況，「兩害相權取其輕」，則可改用在落地窗前擺放大盆栽遮擋，以緩和氣的流動，再加上將不透光的窗簾，拉至一個手臂長的距離，藏風納氣的效果更佳。如此一來，不但解決了穿堂風的煞氣，也不會產生原本沒有的開門見灶、開門見廁、開門見臥房及開門見膳等煞氣問題。

三十四、五帝錢和六帝錢的問題

有些風水老師會提到，可以用開光的清朝古銅幣五帝錢或六帝錢，來招財或化煞。所謂五帝錢，是指清朝盛世的五位皇帝：順治、康熙、雍正、乾隆、嘉慶所使用的銅幣。

若是六帝錢就再加上道光通寶。坊間說法，藉由這些皇帝盛世的力量來加強財運、鎮宅化煞等功能，是一個多功能的化煞物。但其實這是一個被過分炒作渲染的商品現象。

試想，就算真的是清朝的古董真品，這種來歷不明的錢幣，是不是從墳墓堆中挖出來也不得而知，我們真的敢用嗎？ 第二個問題，那來這麼多古錢幣，許多購物網站上，到處可見五帝錢、六帝錢，有良心的商家，還會註明是仿古作法。但更多的商家只有寫招財化煞五帝錢，有些商家甚至透過化學方法，刻意將五帝錢仿舊處理，看起來就像真的從地下挖出來的古幣一樣。商人為了賺錢，真的是費盡心思，以符合大眾期待心理。顧客想要什麼，商人就製造什麼。

其實與其用一個前朝的錢幣，還不如用現代流通的錢幣，效果更佳。若要招財的心理暗示，可以用五個現在通行的銅幣，來招現代的財。

筆者認為五帝錢在風水上的意義，只能當作是五個串在一起的金屬小銅片，是屬於一個可以增加五行中「金」能量的物品。

在風水上要化二黑、五黃等流年方位的煞氣，有些風水師會採用六帝錢，原因是二黑、五黃五行屬土，五帝錢和六帝錢都是金屬，五行屬金，都可以用其金性去洩二黑、五黃土煞的力量。

但數字「五」在後天洛書九宮的五行中屬土，而數字「六」在後天洛書九宮的五行中屬金。因此要化二黑、五黃屬土的煞氣，採用六帝錢的效果會優於五帝錢。

正確地說，是因用了六個仿古的銅片來洩土過多的能量。但風水師相信它有效，它就產生效力。其實有效的原因，除了心理因素外，主因是金屬銅片屬金，金能洩土。我們也可以用六個銅幣，效果也相同。

有關二黑、五黃等理氣問題，在第捌篇、《玄空飛星篇》有更深入的說明。

所以讀者不要再被誤導了，五帝錢、六帝錢在真正風水意涵裡，只是取它五個或六個金屬銅片，屬「金」的五行能量，僅此而已。其他的部分，諸如用這五位皇帝盛世的力量來加強財運、鎮宅化煞等功能，這都不是真正的風水意涵，充其量只是心理暗示而已。

所以從現在開始，讀者們就要學會辨識什麼是風水，什麼不是風水。這也是筆者寫作本書的目的之一。

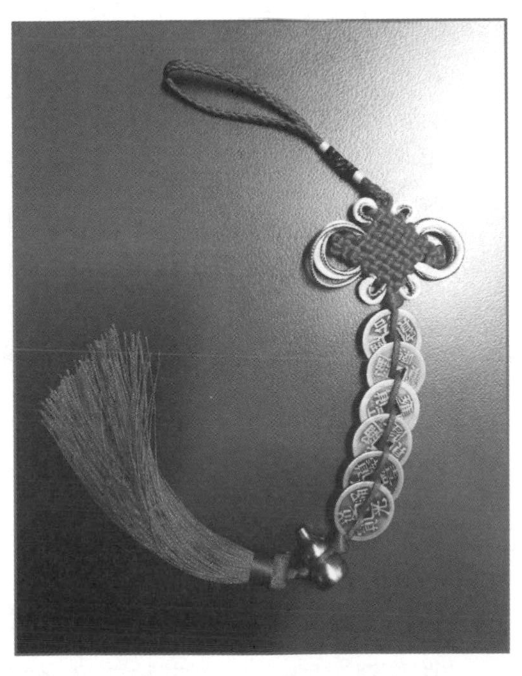
風水上，常以六帝錢化二黑、五黃煞

三十五、是否可以同時學習不同的風水法門

剛開始學習風水法門時，讀者可以先初步了解不同法門的特點，再選擇自己有興趣的法門學習。一旦決定之後，就不要再三心兩意，否則會導致貪多嚼不爛的下場。而且不同的法門，也可能會有許多彼此矛盾抵觸之處。可能這個法門認為很嚴重的問題，那個法門認為沒什麼。在這種情況下，那要聽誰的呢？既然身在本法門中，就先學習本法門的思維，才不會混亂。

在金庸《倚天屠龍記》的小說中，提到九陽神功和九陰真經，一個是至陽之法，一個是極陰之術，雖然都是極高的武學，但無論是心法、招式、內功都極為不同。如果混在一起練，不就亂套，導致精神錯亂了嗎？

譬如在解釋人體系統上，西醫以微觀的方式剖析人體，中醫以宏觀的方式講天人合一，中西醫兩者埋論差異極大，但在治療疾病上，各有所長。要學習真正中醫的人，就要學會用傳統中醫的思路方法治病。

中醫面對癌症患者是要依辨證論治，依證型來選用醫治的方劑。同一個癌症的病名，視病人的體質及症狀表現不

同，中醫採取不同的方劑治療，這稱作「同病異治」。

但現在有些中醫，已經變成用西醫的思維在治病，只要聽說西醫研究出那味中藥有抗癌的成分，這些半吊子的中醫，就開這些藥給病人。完全忘了老祖宗所教導的要依病人的體質，及經過望、聞、問、切的方式，來辨證論治。辨出證型，才可以開立對治的處方。如果完全按照西醫的模式開立處方，還可以稱作是中醫嗎？

風水的道理也是如此。所以最好先專精一門，日久薰習，等到融會貫通，功力精純，臻於上乘之後，若真想研究其他法門，再去接觸。才不會樣樣通，樣樣鬆。《荀子・勸學篇》「鼫鼠五技而窮」說的是鼫鼠有很多技能，但都不專精，所以等於什麼都不會。傳說中，鼫鼠能飛但飛不上屋，能爬樹但爬不到樹的頂端，能游泳但無法游過河谷，能挖地洞但挖太淺而無法掩藏自己的身體，能走路但走得比人慢。

所以看起來好像每樣都懂一些，但其實什麼都不行。這可做為我們學習者的借鑑。在有限的生命中，還是好好地先選擇一個法門深入學習。

三十六、真正的傳統風水意涵

有些風水老師會提到要用開光的山海鎮、乾坤太極圖、麒麟踩八卦、天馬旗、九宮八卦牌…等物品化煞。及用財寶天王、貔貅、三腳蟾蜍…等佛像、神獸來招財。

筆者想告訴讀者的是，在傳統的風水中，是不講開光的，也不用貔貅、三腳蟾蜍、山海鎮、乾坤太極圖、天馬旗、九宮八卦牌這一類的物品或法器。

這些內容或物品，已經將道教或佛教密宗的教義或宗教法器摻入了風水之中。傳統的風水中，是用五行生剋來做風水調理，並計算理氣的變化，基本上是不用這些物品的。

當然這些物品不是不能用，所謂心誠則靈，是具有文化、宗教及心理暗示的效果。以台灣人的背景而言，許多民眾對民間信仰都有一定程度的了解，也經常會到廟寺拜拜，來祈求平安。因此將這些民間信仰或道教、密宗法器，與風水做結合，也是能起到安定人心的心理暗示作用，達到改變磁場的某些功能。但筆者還是要讓讀者知道，這些物品或內容都不是屬於傳統風水的意涵。

不同風水師有其個人背景，有些人修習道教法門，有些

人修持佛教密宗，有些人研究水晶能量，因此會把法門內的某些觀念，結合運用在平日的風水調整中，也因此形成「風水道教化」及「風水密宗化」的現象。

風水學的理論與實踐，隨著時間的推移到了現代，以及傳到西方國家之後，也衍生出許多不同的理論和方法。有些風水師仍堅持走傳統風水的路線，有些風水師則將風水和其他法門相結合，有些則走向商業化，甚至失去了傳統風水學的精髓。

例如有些西方風水書強調要穿戴某些顏色的衣服，提升自己的運氣。甚至要偷隔壁有錢鄰居花園中的土，來做成「發財的瓶子」。或有惡劣的將風水當邪術般使用，將仙人掌送給自己討厭的人，讓仙人掌的針狀煞氣傷害對方，將風水變得荒腔走板，趨於下流。

在這五花八門的理論方法中，什麼才是屬於正統或傳統風水的特色呢？

傳統風水分為巒頭派和理氣派，但通常是巒頭理氣一起結合運用。在巒頭的部分，風水師會觀察和分析巒頭或者是環境的形勢、方向，包括遠方高大山脈的形狀及範圍，近處較低的山丘環抱屋宅的狀況，屋宅四周水流範圍以及水流的方向（龍、砂、穴、水、向）。透過觀察巒頭、水路的方向，分析外圍環境，帶給屋宅的吉凶影響。

計算理氣的部分，則是在確認屋宅座向後，使用羅盤確認坐山和向山的方位。計算理氣吉凶後，再以五行的生剋，做居家風水調理。

在風水調理過程中，並不特別需要放置任何文化宗教、心理暗示的吉祥、招財、化煞等象徵物品。也不用進行任何靈修或宗教的儀式，譬如持咒、祭祀、拜神、拜神獸。

筆者認為，談風水這件事，必須要回歸到傳統風水的基本功上，對巒頭、理氣要有深入的認識，且能正確地運用羅盤，唯有如此，風水才能看得精確。而不是只是擺擺物件，就認為能淨化磁場，這都是屬於民俗文化、心理暗示的部分。至於說荒謬地要去偷有錢鄰居家的土，那就更是到了迷信的程度，都不是傳統意義上的風水。

所以我們必須要能夠分得清楚，什麼是屬於真正風水的實質內涵，而什麼不是傳統風水的內容。

但在實際運用時，不屬於風水的部分，是不是就絕對完全不能運用，筆者認為倒也不盡然。因為住宅是人與地理磁場的交流共振。如果適當地透過這些有心理象徵意義的物品擺設，而能提升人的磁場，這也是有利地理磁場的改變。

筆者認為這些屬於招財、化煞的物品，對人的心理也會產生某種層面的影響力。簡單地說，就是因為心理作用而產生能量的影響。

對於傳統風水學早已熟練精純的風水師，在實踐的過程中，就算加入這些並不是屬於真正風水內涵的象徵物品，在觀念上也應該不會混淆才對。不會將放置這些物品的操作，當作是風水的核心思想。只是把放置這些招財、化煞或吉祥物，當作是一種心靈安定的力量。

但重點是一個「度」的問題。所謂的度，指的就是能掌握節度、分寸、適度。這些象徵性的招財、化煞、幸運物品，適度地用一下還無妨，但如果使用太過，就變成喧賓奪主，反客為主，乞丐趕廟公，那就已經不是風水，而脫離正道了。

而且怕的是一般不太了解風水的人，經過媒體以誇大的商業手法，渲染這些理論或物品的神奇，導致真正的風水精髓沒學到，只學到旁門左道之法。誤認擺放招財、化煞、吉祥物才是風水王道，造成以訛傳訛，混淆視聽。

伍

風水爭議篇

伍、風水爭議篇

在本篇中，筆者會針對某些風水上的爭論問題，提出筆者的看法，供讀者參考。

一、時鐘掛的方位

有風水老師認為時鐘的掛法，要以時針勾進來的方向懸掛，象徵將錢財勾進來。但筆者認為，時鐘不同於流水盆，時針的方向可以看成是勾進來，也可以看成是勾出去，因此這種說法頗值得商榷。

也有另一種說法，說大的落地鐘擺放在東方，不利於男主人的健康；若擺放在西方，則易出寡婦。只可放在南方或北方，這種說法也令人費解。

筆者贊成將時鐘掛在客廳或書房的青龍方或朱雀方，因為青龍方和朱雀是動方，時鐘是隨時都在動的，因此掛在這些動方較適合，可以增加這些區域的動能。

時鐘可掛在龍邊或朱雀邊

二、魚缸如何擺放

很多人會運用魚缸來招財，養風水魚。

魚缸的擺放方位，是一個極具爭議性及兩極化的問題。有些風水師認為要放在旺方，讓家裡的氣透過魚缸馬達更旺，但有些風水師認為要放在衰方，讓魚來代替主人受煞氣（這種理論可能會被動物保護學會的人抗議）。筆者認為既然這兩種完全相反的說法，都有人用的話，那麼代表這兩種方法都沒有對錯，不用特別堅持。

風水上，對某些觀念或方位的解釋，不同的風水師，由於學派的關係，有不同的看法，甚至是南轅北轍，讓人莫衷一是。

對於這種情形的發生，筆者一貫的立場跟看法就是，如果兩種不同的方法或方位都有人用，而且都很堅持，代表長期使用都沒事，不然應該不會這麼堅持。那麼也說明了這兩種方法或方位都可以用，兩者都無所謂，當作參考即可，自行選擇願意相信的方式使用。

但筆者所採取的方式，是以後天八卦的方位，五行生剋來思維。首先不可將魚缸放在南方，因為南方屬火，會造成水火沖。也不要將魚缸放在西南、東北和中宮屬於土的方位，因為土剋水的關係，放在這些方位，居住者比較會有脾胃消化不良，如腹瀉的問題。

按照後天八卦的方位，來放置魚缸，這種作法是受到許多風水師認同，筆者個人也比較接受這種看法。但此外筆者要提出，魚缸也不適合放在西方和西北方，因為西方和西北方屬金。金會生水，對金而言，水是洩氣物，會耗掉金的能量。旺到魚缸之後，也會耗損西方和西北方的能量。

以上思維是根據後天八卦，以及五行生剋及洩氣物的概念而論，不管衰方和旺方的問題。

所以看來真正能夠放魚缸的位置，只有北方、東方和東南方。

以另一個角度來看，在西北方和西方放魚缸，金生水，水為財，照理來說對於招財效果應該很好，但招來了財，也同樣在健康或者是其他部分，要付出一些代價。在風水上也有「財多身子弱」的說法，賺了錢，卻失去健康。天下的事，沒有十全十美，有捨有得，得看我們自己的優先順序。

有些風水師會建議在玄關處放魚缸，借水牆的力量，來阻擋穿堂風，當然這就是偏重在巒頭上的化煞考量，而不管理氣方位，這也值得參考。

在風水上，魚缸不可以放在神明桌下，這對神明不敬，會有正神下水的問題，也彷彿造成神明「泥菩薩過江」的現象。安神明的目的，是希望神明能護持我們的家運，如果神明自身都難保了，如何護持家運呢？

另外魚缸不可高過頭，會有「淋頭水」的問題，就像有人拿水淋在我們的頭上一樣，會壓住個人氣勢，讓運勢受阻，也容易導致頭痛、心臟、心血管等問題。而且也不可放置低於膝蓋，會有「割腳水」等影響財運、事業受阻、前路難行的問題。

三、看風水是否要配命

居家陽宅風水是不是要配上個人命卦或八字，一直是一個極具爭議性的問題。所謂的風水命卦，是以屋宅的座向，先找出宅名，如座北朝南的房子稱作坎宅、座西南朝東北的房子稱作坤宅。先判斷房宅是屬於東四宅還是西四宅，再依據個人的出生年，找出命卦，看是屬於東四命還是西四命。東四命的人適合住東四宅，西四命的人適合住西四宅。但若宅主是屬於東四命的人，雖然家中也有西四命的成員，仍然以宅主為主，要住進東四宅。

有些風水老師主張風水需要搭配命卦，而不是搭配八字來看。其認為風水命卦是專門用在風水上的操作，而個人的八字與風水並不相干。八字和風水是兩種不同的學問，八字是用來看個人的禍福窮通。

但也有風水老師認為命卦的準確率較低，最好是搭配八字來看。

也有老師認為風水吉凶的鑑定，純粹是根據房宅本身的好壞來斷定。與委託人的命卦、八字、生肖和命盤都無關。房宅的風水好就是好，住進好的房宅，對全家每個人都好，不會只旺到先生，而對太太不利。反之，壞風水的房子，對全家每個人都不利。

所以在是否要對照居住者的風水命卦來選擇房子，或是看個人的八字去選房子，確實是一個極具爭議性的問題。

筆者認為，古代是一個男尊女卑、重男輕女的社會，凡事以男人為主，因為男人是家中主要的生產力及收入來源。但時至今日，男女平等，也不一定都是男主外、女主內。因此在風水上的思維，也要有所調整。

若風水只利於男主人，而不利於太太或小孩，全家豈有平安之理？若家中其他成員破財或有血光之災，男主人豈能順心如意？因此，如何將此法運用得宜，值得深入思考。筆者認為命卦或以八字計算的方法，也許相對較適合於單身不婚的住房者。

筆者整理出簡單易懂的命卦與出生年對照表，供讀者參考。找到自己的西元出生年之後，男性對照男命，女性對照女命。如 1973 年出生的男性為離命，女性則為乾命，以此類推。

男女命卦與西元出生年對照表

男命	離 - 九 紫火	艮 - 八 白土	兌 - 七 赤金	乾 - 六 白金	坤 - 二 黑土	巽 - 四 綠木	震 - 三 碧木	坤 - 二 黑土	坎 - 一 白水
女命	乾 - 六 白金	兌 - 七 赤金	艮 - 八 白土	離 - 九 紫火	坎 - 一 白水	坤 - 二 黑土	震 - 三 碧木	巽 - 四 綠木	艮 - 八 白土
西元出生年	1928	1929	1930	1931	1932	1933	1934	1935	1936
	1937	1938	1939	1940	1941	1942	1943	1944	1945
	1946	1947	1948	1949	1950	1951	1952	1953	1954
	1955	1956	1957	1958	1959	1960	1961	1962	1963
	1964	1965	1966	1967	1968	1969	1970	1971	1972
	1973	1974	1975	1976	1977	1978	1979	1980	1981
	1982	1983	1984	1985	1986	1987	1988	1989	1990
	1991	1992	1993	1994	1995	1996	1997	1998	1999
	2000	2001	2002	2003	2004	2005	2006	2007	2008
	2009	2010	2011	2012	2013	2014	2015	2016	2017

我們從以上表格可以發現，是以九年為一循環，讀者可以看到它有個順序，男命的數字是遞減，九紫火→八白土→七赤金→六白金，但到了五黃這個特別的數字，因為五黃在洛書方位中，是屬於中宮的位置，沒有可以搭配的八卦方位。因此男命用坤命(二黑土)替代五黃，女命則用艮命(八白土)替代五黃。女命的數字則是遞增，如六白金→七赤金→八白土→九紫火。

以出生年對應找出命卦，得出的命卦可對應東四命和西四命，見下圖。根據這個說法，坎、離、震、巽的命卦為東四命。乾、坤、艮、兌的命卦為西四命。東四命的人適合居住東四宅，西四命的人適合居住西四宅。如果命卦為坎卦的人，更適合住坎宅，也就是座北朝南的房子，而命卦為離卦的人，更適合住離宅，也就是座南朝北的房子。命卦為坎卦或離卦都是屬於東四命，也可以居住在屬於東四宅座向的房子。其餘以此類推。

命卦與座向對照表

	命卦	住宅座向與宅名	
東四命	坎	坎宅 - 座北朝南	東四宅
	離	離宅 - 座南朝北	
	震	震宅 - 座東朝西	
	巽	巽宅 - 座東南朝西北	
西四命	乾	乾宅 - 座西北朝東南	西四宅
	坤	坤宅 - 座西南朝東北	
	艮	艮宅 - 座東北朝西南	
	兌	兌宅 - 座西朝東	

也有風水老師提出，知道個人的風水命卦及其五行屬性，就可以開始推算。譬如說 1973 出生的男性，對照以上表格，得知是離命，也就是九紫火，是屬於火命。以五行而言，木能生火，火能旺火，因此選擇房子時，木象系列或火象系列的元素會有幫助，如地磚、牆壁、窗簾顏色…等，可考慮用原木材質或淺綠、橙色都有幫助。而不適合土象系列，因為火生土，土會洩火的能量。或水象系列，因為水會

剋火，也不適合。所以土象系列如黃色，水象系列如黑色、深藍色就不適合九紫火命的人。

四、年命與房屋座向

有些風水師會強調要根據個人的年命，也就是委託人的出生年來找所屬的「納音五行」。如下圖中的年命五行對照表，根據五行，來找適合的房屋座向。

年命五行對照表

干支	五行	干支	五行	干支	五行	干支	五行	干支	五行	干支	五行
甲子 乙丑	海中金	甲戌 乙亥	山頭火	甲申 乙酉	泉中水	甲午 乙未	沙中金	甲辰 乙巳	佛燈火	甲寅 乙卯	大溪水
丙寅 丁卯	爐中火	丙子 丁丑	澗下水	丙戌 丁亥	屋上土	丙申 丁酉	山下火	丙午 丁未	天河水	丙辰 丁巳	沙中土
戊辰 己巳	大林木	戊寅 己卯	城牆土	戊子 己丑	霹靂火	戊戌 己亥	平地木	戊申 己酉	大驛土	戊午 己未	天上火
庚午 辛未	路旁土	庚辰 辛巳	白臘金	庚寅 辛卯	松柏木	庚子 辛丑	壁上土	庚戌 辛亥	釵釧金	庚申 辛酉	石榴木
壬申 癸酉	劍鋒金	壬午 癸未	楊柳木	壬辰 癸巳	長流水	壬寅 癸卯	金箔金	壬子 癸丑	桑拓木	壬戌 癸亥	大海水

不同版本的寫法會略有不同，但是基本上大同小異。如桑拓木寫成桑松木，城牆土寫成城頭土，霹靂火寫成霹雷火，泉中水寫成井泉水…等等。

五行是看最後一個字，如甲子年生的「海中金」，以此理論而言，年命的五行就是「金」。丁卯年出生的「爐中火」，年命的五行就是「火」。若不知自己的干支年的讀者，可查萬年曆或搜尋一些八字的網站，將自己的國曆年輸入，便可知道自己的干支年了。

以這個理論而言，譬如說癸丑年生的人，是屬於桑拓木命，也就是在五行當中屬木，那麼房屋的座向，就適合座西朝東，或是座西北朝東南，這些都是屬於適合木命的座向。另外也可以朝向五行當中屬於水的方向，理由是水生木，所以也可以座南朝北。

筆者認為不管命卦或八字計算，或看年命與房屋座向的方法，這也許比較適合準備買地蓋房子的人，或是尚未買房且不想結婚的人，可以來思考命卦、八字計算或年命與房屋座向的問題。

但如果一個人已經買了房子，既然也沒有辦法解決房屋座向的問題，那麼就沒有意義再看年命與房宅座向了。論述這些問題，只會增加住的人的心理負擔。讓委託人每天想說這個房子不適合我，沒有病也會想出病來。

曾有醫生弄錯了兩個病人的檢查報告，把原本患有癌症的病人，說成他很健康；把原本健康的人，說成了得到癌症。結果，原本沒有得癌症的人，因為醫生說他得到癌症，就認為自己真的得到癌症，整天陷入了悲傷的負面思惟，不久之後真的就去世了。而原本得癌症的人，因為醫生宣布他沒有病，因而得到很大的鼓勵，也相信自己很健康，最後反而活了下來。這個例子是在告訴我們，身為一個醫者，說話要非常小心，因為患者對醫者的相信，醫者說錯了，可能會導致患者因為相信而發生不幸。這個例子也告訴我們心理層面的自我暗示影響有多大。相信什麼，就成為什麼。

因此風水諮商師在進行風水勘查時，也要考慮到這個層面。若是委託人是很相信風水的人，對風水諮商師所說的煞氣都緊張兮兮，那就要保留地說，不要說的太過，以免增加委託人的心理負擔，只要告知如何調理即可。

除非是委託人真的住在風水極惡之地，就一定要告知委託人必須搬家，若只是房屋座向和委託人年命不合的問題，可以選擇性委婉地告知，如告知委託人將來有機會換房子的話，可以找那個座向的房子更適合。或者是不說，不要讓委託人增加無謂的心理壓力。什麼該說，什麼不該說。要說的時候，又要怎麼說，這就要考驗風水諮商師的智慧了。

就算是房屋的座向和命卦或年命不合，只要在委託人屋內的格局中，進行風水五行調理即可。

有些風水師可能會建議，透過改大門的方向，重新設定房屋的座向，但這牽涉到較複雜的問題，除了敲門打牆所費不貲外，結構性的修正也牽涉到安全的問題。另外改向後，也要考慮屋宅外相對方位的山水形勢變化問題。

以風水上的思維，必須要考慮，若要改座向，是否在左青龍、右白虎、前朱雀、後玄武上，有好的外環境格局。

以年命配座向的理論而言，譬如一個人的年命為水，適合座南朝北的房子，但是這個人現在的房子座向是座北朝南，而房子的地勢是北方玄武有靠，南方明堂開闊且低勢略低。以這種情形而言，如果只是考慮到要配合年命的需要，將房宅改成座南朝北，換成在北方開門，整個房子反而變成了前高後低的退運屋。這樣子的改法，反而變成了大凶的格局。

而且很有可能也變成了先見到臥室，而後見到客廳的格局，這在風水上也是大凶。

我們一定要遵守「兩害相權取其輕」，以及「七分巒頭、三分理氣」、「巒頭為主、理氣為輔」的大原則。

因此個人年命與房屋座向的論述可作為參考，但不是必須或先決的條件。要先從房屋外圍格局的地勢高低，水路、道路動線，考量左青龍、右白虎、前朱雀、後玄武的格局之後，再來思考這些座向當中，是否有很明顯的外煞，及考慮陽光進入的方向。若有需要的話，才來考慮年命與房屋座向的問題，這是風水堪輿思路的優先順序。

而且年命和風水命卦，都會面臨到同一個問題，如果先生和太太的年命和房宅座向互相衝突的話，那麼要以誰為主呢？在傳統社會中，是以先生為主，太太默默配合。但現在的社會型態，是否還適用呢？ 這種「旺夫不旺妻」的說法，只對先生有利，卻不利太太，太太會不會翻臉呢？

五、本命與樓層選擇

風水上有關本命的看法，意見也很分歧，有說本命當中五行「缺水」的人選一樓和六樓，也有說本命五行「屬水」

的人選一樓和六樓。這是根據河圖理論「一、六共宗(屬水)，二、七同道(屬火)，三、八為朋(屬木)，四、九作友(屬金)，五、十同途(屬土)」。

根據這個理論，有些風水師提出，本命五行當中屬水，就住在屬水的樓層，這是一種「比和」，水水相生的概念。

有些風水師則認為，本命當中五行缺水的，就選擇一樓或六樓來居住。也就是以住屬水性的一樓或六樓，來補自身本命五行缺水的不足。簡單地來說，本命中缺那一種五行元素，就住在對應的樓層以補不足。

以上這兩個說法，存在極大的歧異性。

有些風水師則以生肖來論。筆者整理出下列圖表，供讀者參考。

生肖五行與適合居住樓層

五行屬性	所屬生肖	適合樓層	最不適合樓層
木	虎、兔	三、八 （木木相生） 一、六 （水生木）	四、九 （金剋木）
火	蛇、馬	二、七 （火火相生） 三、八 （木生火）	一、六 （水剋火）
土	牛、龍、羊、狗	五、十 （土土相生） 二、七 （火生土）	三、八 （木剋土）
金	猴、雞	四、九 （金金相生） 五、十 （土生金）	二、七 （火剋金）
水	豬、鼠	一、六 （水水相生） 四、九 （金生水）	五、十 （土剋水）

以生肖與樓層對應的理論而言，譬如屬牛的人，在五行當中，是屬於土。適合的樓層，可以選五樓或十樓，因為這兩個樓層的五行屬性為土的緣故，土可以助生土。或是選二樓或七樓，因為這兩個樓層五行屬性為火的緣故，火可以生土，對土有幫助。

但屬牛的人，就不適合選擇三樓以及八樓，因為這兩個樓層五行屬木，木會剋土；也不能選四樓和九樓，因為這兩個樓層五行屬金，因為土生金，金也會洩土之氣。而一樓和六樓是屬於半吉，因為一樓和六樓五行上是屬水，五行上土剋水，土雖然可以剋水，但還是會耗掉自身的一些能量，所以只能算是半吉。

但我們可以發現，當採用不同的方法計算時，會得出截然不同的結果，譬如假設一位男性，他的出生年是 1973 年癸丑年，對照以上命卦，是屬於九紫火的火命。但若是以納音五行而言，又是屬於桑拓木的木命。以生肖來看，癸丑年的人是屬牛，是屬於土命。

以上的論述中，這位癸丑年生的男性，從命卦來看屬火，納音五行屬木，生肖屬土，算出來的結果均不同。這樣子看起來，在 1973 年癸丑年出生的這個人，到底是屬於火命，還是屬於木命，還是屬於土命呢？

如果這些方法彼此矛盾都行得通，對於這種情形的發生，筆者一貫的立場跟看法就是，對於風水上，同一個爭議性的問題，如果採用不同的計算方法，得出不同的結果，都有風水師運用，而且都很堅持自己的方法是對的，代表長期使用下來都沒事，不然應該不會這麼堅持。那麼說明這些方法都可以用，用與不用都無所謂，當作參考即可，自行選擇願意相信的方式使用。因此對於這部分的理氣計算方法，僅供讀者參考，我們還是把重點放在巒頭的部分。

六、床要左右逢源還是要鎖龍

床的擺設位置，究竟需要左右逢源，兩邊都有空間比較好？ 還是以形家的理論，把床靠向左青龍牆邊的位置，鎖龍比較好呢？

以形家的說法而言，鎖龍的格局，會讓男性比較有事業的衝勁，但臥房是屬於休息的地方，需要放鬆，沒有必要再激發衝勁。若是考慮到房事的問題，能讓男性比較有衝勁的話，則容易有縱欲過度的問題。

另外靠牆的話，也比較容易有壓樑的問題，壓樑容易導致肌肉痠痛，甚至中風等健康問題。除此之外，牆壁的相對溫度也較低，對身體的健康有不良的影響。而且如果在牆的另外一側，緊鄰廁所或是廚房，對身體也是有不良的影響。不如有點距離，有了趨緩空間，影響也會較小。

以床位來看，鎖龍也會造成龍邊碰壁，會導致缺乏男性貴人，這也是要考慮的部分。

而左右逢源的話，夫妻會較恩愛，會彼此尊重。因此筆者認為若是房間空間足夠的話，還是以床的左右要留走道空間，以達玉帶環腰、左右逢源的效果。若空間不夠的話，才退而求其次，床靠龍邊，但宜在龍邊掛風景畫，增加龍邊的開闊感。

床的兩側要留通道，如玉帶環腰般，以左右逢源

七、四水歸堂

某個風水師提到一個四水歸堂的說法，他認為如果陽宅四周都能被水路包圍起來，在風水上稱之為「四水歸堂」，是上等的好格局。

此說法於理路上不通。試想若房子四周都是水路，後方豈不是玄武無靠，更不用說有水的音煞與地基不穩等問題。而且「四水歸堂」真正的意義是指，在安徽江南民居的四合院，屋頂內側坡的雨水，從四面流入天井，寓意為水聚天心，稱「四水歸堂」。

八、收財水

有風水師提到如何才能財水有收，也就是指如何才能收到財水，他提及如房屋座向西北、西、東、東南，財水為由左向右；若房屋座向北、東北、南、西南，財水為由右向左。

這個說法看起來是蠻公式化的，只是不知有何根據。

對於判斷如何收到財水的問題，筆者認為需要結合有情水、地勢及靠近門口的行車線三者綜合判斷。「山管人丁水管財」，水為財。但水要「有情水」、「彎抱水」、「玉帶

環腰」才是有幫助的水，所以水流不可太急，否則就變成了「無情水」。以道路而言，有分隔島的雙線或四線車道，車速極快，往往造成有車潮，沒有人潮，所以這種「無情水」會造成收不到財水。要小水流，曲折有情而且是像玉帶環腰般的彎抱水，才是好水，也就是「有情水」。在慢車道或有人行步道處，才會累積人潮，讓財水流入商鋪。

再者以地勢而言，在此前提下，判斷地氣的流向，基本上水來的方向就是財來的方向，問題是接不接得住財水。若右方地勢明顯偏高，水由右向左流，要開青龍門接財水，因為右來左（青龍）接。若左方地勢明顯偏高，水由左向右流，要開白虎門接財水，因為左來右（白虎）接。以此法論財水方向及開青龍門或開白虎門較為合理。

以地形地勢來看，水往低處流，以何方地勢較低，就以該方開門接財水。

如果是地形平坦的雙向線道路，財水的方向，是以接近店門口行車線方向來看。若是車輛由右向左而來，代表來水是右方而來，去水是在左方，因此店鋪門應開在左方，以開青龍門接白虎水之意。而且需在接財水的門的下手處，做一個下關攔砂的設計更佳，就像是伸出一隻手去攔截財水之意。如果開青龍門，就在青龍門的左側做一凸出外牆去攔截，亦可用招牌或盆栽，將財水擋住。或將明堂做略微內縮的設計，引財水進入。

門口前方的地勢略高於門口，這種地形，稱作「逆水局」。逆水局不是真的指水往門內流入，只是代表財水的氣流往門內流入。但流向門內的逆水不可直接沖射，需在門前停蓄，比如一個小湖泊，或是一個小圓環的趨緩空間，再流進門來，這才屬於有收的財水。因為水流及氣流的原則是忌直沖，喜歡曲折有情。

若大門口外的地勢低於門口成坡狀，稱作「順水局」，而順水局代表財水由家中流出，也稱為「牽鼻水」，當然是漏財的格局，也就是收不到財水。

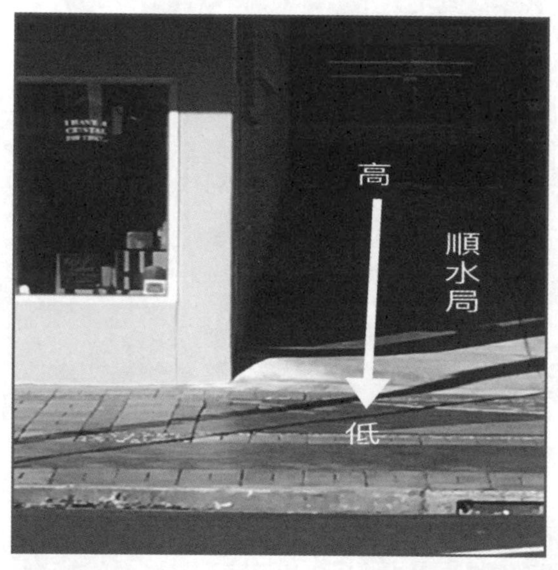

九、五行相生與洩氣物

有些風水老師會提到在什麼方位放什麼物品，可以產生金金相生，或者是金水相生…等效果，但某些提到的觀念有邏輯上的錯誤。

在家中西方方位，放上陶土製品，有土生金的效果，對這個方位而言有加分效果，所以可以說是土生金，這是一個以有形物品去增旺方位的概念。

或者是在西方擺放金屬飾品、白色物品、圓形物品，譬如擺放一個白色金屬的圓形燈，可以說是屬於同一個「金」的家族，都有一種金金相生的助旺物的概念。這樣子的說法，在邏輯上都說得通，相當合理。

「金」屬的「白」色「圓」燈，都是屬金的特性，因此可以旺金

但如果是說在西方擺放水象物品，或黑色之物，可產生「金水相生」的話，這就是邏輯上的錯誤。

因為西方屬金，擺放水象物品，或黑色之物，變成金生水的五行關係，用金這個方位的能量，生旺該種屬「水」的物品，所導致的結果，是這個西方方位的能量也會因此耗損，因為這是一種洩氣物的概念。所以不能說金水相生有加分效果，金生完水之後，金的方位能量也耗損了。

黑色的圓形物，有金生水的意涵，會旺水，但會洩金氣

在中醫當中有一種治療疾病的理論，稱作「實則洩其

子，虛則補其母」。「實則洩其子」舉例而言，在五行當中，在金生水的關係鏈中，金就是母親，水就是孩子，孩子需要什麼，就找母親要，母親就會一直給，最後母親的能量也會被減弱，也就是孩子消耗了母親的能量。在中醫治療思維上，如果金的能量太過的話，可透過洩水的方式，來削減金過多的能量。

根據這個理論，應用在疾病的治療上，也相當實用。譬如因為肺氣不宣而導致咳嗽等症狀，如果判斷是屬於肺經實證的話，因為肺經在五行上是屬於金，而金太過就可以藉由金生水的原理，透過洩水的方法，讓金的實證得以緩解。因為金生水，水被洩掉了，金就要去補水，所以金也會減弱。

在身體的五行中，肺屬「金」，因此中醫就可以在肺經的子穴上，五行屬性為「水」的「尺澤穴」上，透過扎針的洩法來處理肺經實證。洩了尺澤屬水的這個子穴，金太過的肺經實證，也能得到宣洩，這就是實則洩其子的觀念。

透過這個思路我們也可以理解，在金的方位上，也就是西方，擺放屬水的物品，或者是水象系列的物品，是會旺到這個物品，但是也會耗掉這個方位的能量。所以應該要斟酌物品材質、顏色、形狀⋯等等的選用，是否恰當，是否值得去旺這個物品，而耗掉這個方位的能量。方位能量消耗後，有沒有其他補充能量的方法，必須要做綜合的考量。

有風水老師認為，因為房子的中宮屬土，如果放上保險箱的話，有土生金的作用。聽起來似乎有道理，但土生了金之後，土氣也會消耗掉。房子的中宮是屬於房屋的穴眼，太極能量的中心，這樣會導致這家的主人雖然會有錢，但穴眼的能量也耗盡。或者是影響了脾胃，因為中宮屬土，土相應於人的身體是脾胃的部分，兩相權衡之下，也是得不償失。再從實際面考量，保險箱應該要放到房子後端隱密處較妥當，放在房屋的正中間，似乎也是不合常理的位置。

所以在選用不同材質、顏色、形狀物品的時候，都要考慮是否會對這個方位有幫助，這樣子才會對這個住家的運勢有加分效果。

十、財位是否可以擺鹽燈

有風水師認為財位不可以擺放鹽燈，因為鹽燈屬火，而財屬金，火會剋金。這種說法似乎和大部分的風水師見解不同。一般在風水上的看法，認為鹽燈放在財位上有聚財的作用。筆者認為鹽燈的部份，雖有火，但火被鹽包覆，鹽屬土。

有火生土，土生金之意涵，所以反而會生金。而且鹽燈是燈，燈能補強缺陷也有制煞的功能，所以財位擺鹽燈沒有問題。

唯一要注意的是，若流年到了二黑、五黃一級煞氣時，就不能在該方位擺放鹽燈，因為二黑五黃屬土煞，鹽燈又有火又有土，會增旺二黑、五黃的煞氣。

財位擺放鹽燈

十一、財位是否可以擺盆栽

有風水老師說，進門四十五度角的明財位屬金，而金剋木，雖然剋得了木，但也會耗損自身能量，所以說財位不可以放植物。這種說法，筆者不太認同。

我們要理解，為什麼說在進門四十五度角是明財位，象徵明財位的位置，是位在兩面實牆的夾角位置。它的重點是在取其藏風納氣的作用，當有生命力的生氣，來到了家中，就會在這個具有藏風納氣的夾角當中停留。是因為這樣子的功能，它才能為這個家庭帶來了福氣與財富。並不是說，它是財位，財屬金，不能做這樣的聯想。

這個位置是不是屬金，要看它在後天八卦當中的方位，如果這個進門四十五度角的象徵明財位，剛好是在西方和西北方，才能說這個方位屬金。

洛書八卦方位的五行屬性

東南巽卦 (綠色-屬木)	南方離卦 (紅色-屬火)	西南坤卦 (黃色-屬土)
東方震卦 (綠色-屬木)	中宮太極點 (黃色-屬土)	西方兌卦 (白色-屬金)
東北艮卦 (黃色-屬土)	北方坎卦 (黑色-屬水)	西北乾卦 (白色-屬金)

在明財位上擺放闊葉的盆栽，有一種生命力，對氣場反而是有幫助的，而且植物也需要澆水，氣界水則止，氣也會停留在這個有水的區域。所以說種植物反而是有助於氣的停

蓄。但要注意植物的固定修剪，以及是否有枯萎的狀態，枯萎的植物要馬上移除，否則就會帶來衰運。因為枯萎的植物，也代表枯萎的磁場。在室內擺放植物不宜多，以三盆為限。

在明財位上擺放植物，也是一種檢視財運的方法。若是在明財位上的植物經常枯死，也是暗示那一段時間有財務危機，投資理財的操作要更謹慎保守，以防破財。

十二、將四綠星的方位當成文昌位的錯誤

在本書第肆篇、《風水調理篇》的第二節、《文昌位的找法》中，筆者提供了三種找文昌位的方法：

1. 用座向來找全家人共同的固定文昌位
2. 每年依九宮飛星飛泊而流動的流年文昌位
3. 個人的生肖文昌位

以下就針對九宮飛星的理論，來找文昌位，對一般坊間的錯誤看法，提出一個澄清。

在玄空飛星的理論中，飛星風水學上的《紫白訣》，有

一句很有名的話，稱作「四一同宮，準發科名之顯。」也就是指在九宮飛星盤同一個宮位中，有四綠星和一白星的組合，就能旺文昌。會大利於讀書、考運、升職、升官運。因此在九宮飛星飛泊的理論中，一白星和四綠星都和文昌讀書考運有關。

四綠星又稱為文昌星，因此很多坊間的風水書都是告訴讀者，文昌位要找四綠文昌星飛到的位置來進行布局，但其實這是一種非常錯誤的觀念。

因為玄空飛星很重視得令和不得令的問題，也就是每顆飛星目前是否是處在當運的狀況。2004-2023 年是屬於八運，吉星是八白星，及未來的九紫星和一白星。其他的星都不當令，也就是在失運的狀態。

因此四綠文昌星在目前的八運，是屬於失運的狀況，也就是四綠星目前不是吉星，至少還要等四十幾年後的二運期間，四綠星才會漸漸變成吉星。

以目前八運 2004-2023 年而言，八白土星、九紫火星和一白水星才是吉星。每顆星有吉有凶，當令得令時，就是吉星。失運不得令時，就是凶星。

以四綠星而言，雖然稱作文昌星，在得令時，可以「四一同宮，準發科名之顯。」也就是如果在元運為三運或四運時，在四綠星的方位布局，就是旺文昌，大利讀書考試運。

但四綠星在目前的八運是失運的狀況，也就是四綠文昌星目前不是吉星。如果在四綠星飛到的位置布局，反而會容易產生浮蕩、爛桃花…等情事發生。不但不能「準發科名之顯」，反而會發生《飛星賦》中提到的：「當知四蕩一淫，淫蕩者扶之歸正。」這是很多人所忽略的重點。所謂的四蕩一淫，四是代表風的遊蕩，一是代表水淫的意思。

有人幫女兒布了一個四一同宮的局，想說一定可以幫助女兒的升職考試運，想不到不但沒有升遷，反而造成女兒生活糜爛，還不斷換男朋友，甚至還搭上有婦之夫，成為別人的小三，這就是因為受到「四蕩一淫」的理氣影響。

也有人幫家中孩子布下四一同宮的局，想藉著四綠星的力量，讓孩子能學業進步，但結果事與願違，孩子變得更貪玩，這也是因為住在該房間，受到「四蕩一淫」的理氣影響。

所以在座向四綠星或流年四綠星的方位做文昌布局，這是一個以訛傳訛的錯誤觀念，不但錯誤，而且非常危險。

再舉一個例子，讓大家更加清楚當令不當令的問題。《紫白訣》中提到：「交劍煞興多劫掠」，意思是當飛星遇到六七同宮，也就是六白金和七赤金，在同一個宮位的組合時，稱作「交劍煞」。就像兩把刀劍互砍一樣，也代表會遇到吵架爭鬥之事。

但是在《玄機賦》中提到:「執掌兵權，武曲峰當庚兌。」武曲峰是指武曲星六白金，庚兌是指七赤金，這也是一個六白金和七赤金的組合，但這個組合的結果，是能在軍界掌握重權。為什麼一樣的六七組合，卻有吉凶截然不同的結果呢？ 這是風水學上的秘密，其實就是當令不當令的問題。目前是八運，六白金和七赤金都已經退運失令，因此這兩顆星的組合結果，只能是交劍煞，而不可能可以執掌兵權。

相信透過這兩個例子，讀者就不會再想要去布四一同宮的局了。什麼是四一同宮的局，讀者可參照本節最後的八運艮山坤向屋宅之例，或第玖篇、《流年飛星篇》的第六節、《流年的文昌位布局》。

當然，並不是只要是四一同宮一定會發凶，還是要配合巒頭，也就是內外格局的情況。如果是壞的理氣，再加上見到壞的巒頭，如外在的山形破碎，譬如山巒遭到土石開採破

壞，或惡水，如不流通的死水。這才會裡應外合，就會啟動凶煞之氣。

當四綠星當令時，四一同宮可以功名發顯，但還是要配合那個房間所看到外巒頭的狀況，必須要有秀峰秀水，才能啟動這個好的理氣。如果看到的是形態醜惡的山水，理氣再好也沒用。

反之，當四綠星失運時，四一同宮就變成四蕩一淫的壞理氣。如果遇到形態醜惡的山水，就會被啟動發凶。但如果該房間外是秀峰秀水則無妨。

因此在四綠星失運的情況下，家中出現了一個四一同宮的格局，如果外巒頭秀美，只是不發凶，也不會「準發科名之顯」。但萬一遇到外巒頭醜惡，肯定造成「四蕩一淫」的下場。

萬一不小心在該方位又剛好擺放四盆植物或四棵幸運竹，再加一盆水，也可能會啟動「四蕩一淫」的壞理氣。因為四盆植物或四棵幸運竹代表四綠木星，一盆水代表一白水星的緣故。

在四一同宮處，放了四棵幸運竹加一盆水，
可能反而會啟動四蕩一淫的壞理氣。

因此要如何找文昌位，筆者在第肆篇、《風水調理篇》的第二節、《文昌位的找法》中，已經建議讀者在一白星的方位布局，因為現在是八運，即將進入九運，一白星是未來吉星，這才是正確的文昌位布局。找出一白星的方位布局，在八運、九運、一運時都適用。也就是從現在 2020 年算起，還有四十幾年可以用。

所以不管是依照座向來找的固定文昌位或流年文昌位，都是以一白星來布局，而不是以四綠星來布局，而且要盡量避免有四一同宮的狀況發生。四一同宮的房間，盡量當作非主要使用的空間，如客房、娛樂室…等。

以八運艮山坤向的屋宅為例，如下圖：

↗坤

14 巽宮 七 東南	69 三 南方	82 五 西南
93 六 東方	25 八 中宮	47 一 西方
58 二 東北	71 四 北方	36 九 西北

艮

我們可以看到在這個八運的艮山坤向的屋宅中，東南方巽宮有 14 的阿拉伯數字，代表一、四同宮。如果將東南方的房間或空間當作書房，或當作臥房，就會影響住在該房間的人。而且因為這個方位是屬巽宮，在洛書方位中對應長女。對女孩的影響特別大，女孩住在這個房間，可能會遇到爛桃花。

十三、風水流年的交替

有關風水流年的交替問題，風水老師也有不同的看法。

以每年的立春那一天，做為一年的開端。立春以前是上一年，立春以後才算是今年。這種說法，較多風水師採用。

但也有風水師認為要以小寒為分界點。

以上兩種說法，提供讀者作參考。筆者個人採用的是一般較通用的用法，以立春為界。

二十四節氣為立春、雨水、驚蟄、春分、清明、穀雨、立夏、小滿、芒種、夏至、小暑、大暑、立秋、處暑、白露、秋分、寒露、霜降、立冬、小雪、大雪、冬至、小寒、大寒。

每年的立春，大約是在國曆的二月三日到五日之間。可參閱農民曆，或上網查詢。

十四、南半球陽宅方位的定位

有關於南半球陽宅方位的定位，是否與北半球相反，也是一個極具爭議性的問題。

關於南半球陽宅方位的定位，有些風水老師認為應該要南北顛倒，因為風水在古代的定位是以中國為準，北方寒冷，南方炎熱，北方坎位屬水，南方離位屬火。而南半球是南方接近南極較冷，北方較熱，所以南半球的羅盤要顛倒來看。

但也有風水老師認為北方就是北方，南方就是南方，不需要顛倒來看。因為我們在使用羅盤看風水時，都是使用屬於地盤的二十四山，而地盤的北極是指磁北，既然是以磁場為主的話，不管南北半球，磁北永遠都是磁北，也就沒有所謂南北半球不同的問題。所以北半球可以用羅盤的地盤來測二十四山，南半球照樣也可以用羅盤的地盤來測二十四山，因為磁北是相同的。

筆者非常認同這樣的看法，也就是關於南半球陽宅方位定位的方法，與北半球是完全一樣的。因為看風水是運用羅盤中，屬於磁北的地盤二十四山來定座向方位的，不管是北半球還是南半球的磁北，都是一樣的。

陸

座向判斷篇

陸、座向判斷篇

房子座向到底是以大門為向，還是以最大的採光面為向？又或以路為向？這是一個見仁見智，極具爭議性的問題，因此專列一篇論述。

座向的判斷，不但各個學派的說法歧異，甚至連同一個學派中，也存在著不同的作法。例如同樣在玄空飛星學派中，有些風水老師雖然同樣主張以大門立向，但有主張在大門外立向，也有主張在屋內立向。也有風水老師不以大門立向，而是主張以最熱鬧或最大採光面立向。這真的會讓初學風水的人一頭霧水，茫然不知所措。

同一個玄空飛星派都能有此差異，那麼與其他不同風水派別的歧異性有多大，可想而知。

因為有這麼大的爭議性，故在討論座向前，我們先來思考幾個現象：

一、風水要考慮古今房宅設計不同

風水要考慮古今差異，如以前的人住宅是大家族的大宅院，而現在很多都是小家庭。以前的大門與房子的宅向基本上一致，但是現在的大門和房屋的宅向常常不一致。

古代的房宅基本上以平房為主，大戶人家的房屋設計，會按照風水法則設計，大門就是指最大的門，是最主要的進氣口。

時至今日，地狹人稠，高樓林立，房子建築的方式，已與古法不同，古代風水以大門為向的方法，是否還適用於今日的建築，要有一番新的思維。

二、測房子的座向，在宅外或宅內中心點的作法

有些風水師會在房子的中心點測座向，再找房子的其他點量測確認，萬一不同，再繼續找其他點，最後找平均值。此法頗令人懷疑，那一點才是正確呢？

在房宅的中心點測量座向，對以前的木造房子而言，可能不會有什麼問題。但現在的房子都是鋼筋鋼樑結構，因此宅內的磁場，肯定會受到這些鋼骨結構的影響，因此筆者認為還是在屋外空曠處測量，較不會產生誤差。

三、如何判斷座向的問題

判斷座向是風水中非常重要的步驟，座向的定位錯誤，就會影響到之後的玄空飛星盤的推算。可說是一步錯，步步錯。由於現代建築的複雜性，座向也變得不易判斷。

有些風水書中，也不太敢碰這個問題，就模糊地帶過，譬如只是簡單地提到居家陽宅的座向測量，要找到屋宅之「陽台或大門出入口」之氣口處，問題是大門和陽台位置不同，到底是要測量陽台還是大門出入口呢？

座向判斷不出來，之後的玄空飛星等理氣也都無法操作計算。所以這是一個不能跳過不管或模糊帶過的問題，必須要徹底解決及清楚認識。

判斷座向的問題，風水師大略有分成以下幾種看法：

1. 以大門為向：

以大門為宅向，這是一個非常傳統的看法，有許多風水師仍然採用這種方法。站在距離大門口外約三步的距離，面對大門口測量。

對於以大門門向作為座向的定向，也有風水師持不同意見，認為這是一種錯誤的看法，因為古今差異的緣故。古代典型的房子設計，大門的朝向通常等於房子的朝向。因此在古代可以使用門的朝向去決定房宅的朝向。但在現代的建築中，卻往往不是這樣子的狀況，在現代的房子當中，建築強調要有特色性，不但缺角缺得厲害，門向也常常跟宅向不一。甚至有時大門的朝向是朝向側邊、朝向後面。

而且現在也有許多住商混合的大樓，大樓的一樓面對大馬路的那一面開設店面，而樓上住戶使用的大門，則改開在建築物另一面，因此這個使用大門來判斷宅向的方法，就失去了準確性。

2. 以最大的採光面為向：

也有許多風水師採用以最大的採光面為向。

有些風水師在判斷座向時，會將第 2 點以最大的採光面和第 3 點以路為向 (最繁華的那一面)，結合起來彈性地來看，會以陽面、較多活動的一方為向。如面對主要道路或是最大的採光面為向，以陰面、安靜的一方為坐。

針對最大的採光面為向的問題，也有老師持不同意見。認為現代有些建築在設計上，會讓陽光可以從各個面向進入，每一面的採光都很好，因此以最大的採光面判定宅向法，也同樣失去其準確性。

3. 以路為向（最繁華的那一面）：

以路為向的說法，是以面對最熱鬧的那一條主要道路為宅向。也就是說，找出這棟建築物最繁忙、有最多活動的那一面為向，譬如是面對主街或是最繁忙的街道的那一面。

但有些房子，在接近主要道路的那一面，是比較短的一面，可能只有窗戶，而沒有門，甚至是連窗戶都沒有的牆壁。風水上說窗為眼，門為口。窗戶不能成為一個主要的納氣口，至少要有一個落地窗的拉門，才有可能判斷是一個主要納氣口。

因此以最接近主要道路為向的這個說法，也不見得適用於所有的房宅狀況。

4. 以屋內格局定座向：

有風水書提到以客廳在前為宅向。坐山通常為後面房間、廚房、廁所較陰暗的部分。

筆者認為，這種看法是假設建商都懂風水，都懂得坐山要暗，客廳朝明的原則。但實際的情形，會碰到各種可能的狀況。因此要以外格局來看，不能按照房子內格局來判斷。

5. 以建築物外形判斷：

也有老師主張使用建築物的外形來判斷座向。也就是不管大樓或屋體有幾面，找出房子形象上最具特色的那一面做為正面。

但有時建築物並沒有那一面特別有特色，或因為某些原因，大門並不在最有特色的那一面。

綜合以上所述，相信讀者會有個初步概念，那就是判斷座向時，不能將大門的方向，做為決定宅向的唯一考量。

四、公寓大樓住戶的座向判斷

對於座向的判斷，透天厝或平房相對還比較好辨識，但大樓住宅就更加不易辨識。針對公寓大樓住戶的座向判斷，也有以下幾種不同的看法。

1. 各自為向：

有風水師認為大樓各個住戶各自為向。

2. 一到五樓以整棟樓為向，但五樓以上各自為向：

有風水老師認為一到五樓，受到地面磁場影響比較多，需以大樓的整體座向為向。五樓以上受地面磁場的影響較小，則以各個住戶單位各自為向。

3. 以整棟樓為向：

對於以上第 1、第 2 點，也有風水老師相當不認同。認為大樓的座向，不管樓層，需以整棟大樓為向。

其反對將每個公寓大樓住戶的單位，都視為獨立的房子，可以擁有自己專屬座向的看法。因為在同一個整體的大樓結構中，同一個屋頂下，不分樓層，所有的住戶就是同一個座向。因此在獨棟大樓中，所有的住戶，不管朝那個方向，皆為同一座向。在計算玄空飛星時，也是採用同一個飛星盤。

五、判斷座向的先後順序原則

所以今日房子的座向，有可能是以大門為向，也有可能是以最大的採光面為向。具有最大採光的那一面，通常也是落地窗拉門或陽台，這也是一個門，一個納氣口，因此要看實際的屋型及周遭環境而論。

因此筆者認為，由大門來定宅向方位，只能做為一個參考，最主要還是由整體綜合判斷來看。

筆者認為，以平房而言，落地拉門和大門都是門，那一個門比較大，位置比較好，那個門就是我們要看的重點。門的作用是納氣，門為口，口的目的是吃東西，從那個口，那個方向可以吃進最豐富營養的食物，那個方向就是主要的口。

以今日複雜且有許多公寓大樓建築而言，單一的一種座向判斷法，確實已經無法應對多元化的屋宅狀況。話雖如此，但我們有沒有辦法歸納出，一個對屋宅座向判斷先後順序的原則呢？

經過筆者不斷地思索體悟實踐，總結整合出一套座向判斷步驟，提供給讀者作參考。

(一)、一般樓房座向判斷法

1. 先在房子外走一圈，如果大門明顯與屋宅前的主要道路同向，也就是大門口位於主要道路的那一側，就以大門為向。可以不管屋宅前後左右的長短問題，也不用管那一側有最大的採光面。因為此時的大門開在主要道路側，已經可以納入道路的繁華旺氣，門為口，在這裡嘴巴可以吃進最豐盛的食物。所以不用懷疑，這裡大門的朝向，就是屋宅的宅向。

2. 如果房子位於道路的轉角處，主要道路的那一側是房子的牆壁，因此大門口不在主要道路的那一側，而是位在與主要道路交接的次要道路上。這種情形，以位於次要道路上的大門為宅向。如下圖：

3. 有些庭園住宅不是與鄰居牆壁緊鄰的，也就是屋宅的前後有小花園的房子。其大門不是與主要道路同向，也就是大門不位在主要道路的那一面，主要道路那側是房屋的牆壁。但如果大門位於次要道路上，適用於規則 2，還是要以位於次要道路上的大門為宅向。

但如果這個庭園住宅兩側都有住宅，靠大馬路側又是牆壁。就以陽面為向，尋找最大的採光面納氣口。以有景觀、採光良好的大片落地窗拉門或陽台，為第一優先考量。此時就不能以大門做主要考量了，因為大門已經失去吸收納入主要道路能量的功能，所以要找最大的採光面納氣口。見下圖：

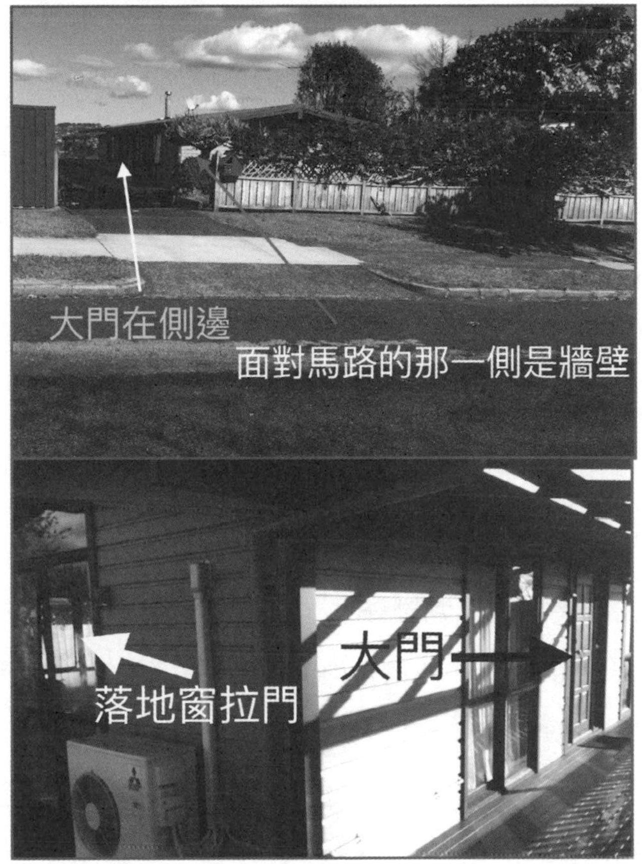

當大門已經失去吸納主要道路能量的功能時，就要找最大的採光面納氣口，進行羅盤量測

通常這樣有景觀、採光良好的落地窗拉門或陽台，可能會與大門同側。但更大的可能性，不與大門同側，而在與大門牆壁鄰接的另一側。以邏輯性而言，應該不會是在大門的對側，因為將最大的採光面設計在大門對側的

話，以這種房子而言，大門反而變成後門。不合邏輯的設計，看起來不但尷尬怪異，氣場也會混亂。

4. 如果大門不是與主要道路同側，然而屋宅並沒有落地窗拉門、陽台，還是以大門為向。因為這代表大門還是最大的納氣口。

5. 有些連棟房子的車庫，設計在房宅後的地下室，車子開入車庫後，有通往房子內的門。雖然經常從此門進出，也不能把這個車庫門視為大門或用來判斷座向，判斷法要按照前述的順序規則。

(二)、公寓大樓座向判斷法

1. 公寓大樓的座向，要以整棟大樓的向為向，不以大樓內各自的住戶為向。一棟大樓內，所有住戶都是生命共同體，要使用共同的飛星盤計算。但因為每個住戶有其室內格局的差異性，及居住的人員不同，也會導致有不同的解讀結果。風水上強調要以人為本。

2. 而整棟大樓的向，是以最熱鬧的那一面，也就是靠主要道路那一面的共同出入口為向。

3. 有些住商合一的大樓，面對繁榮主要道路的那一側的一樓，設計為店面，而沒有出入口，出入口在另一側。還是要以靠近主要道路、最繁榮的那一面為向。因為這一面才是正面，能夠吸納最旺最繁華的氣場。此時就不能以後面的出入口為向。

4. 多棟大樓的社區，需以各自大樓獨立的出入口來判斷，而不是以整個社區的總出入口來判定。這個社區是指自成一格，相對封閉的幾棟樓的範圍。而不是指與繁華地段相連的大社區，如果是這種情況，就以不能違反第3條為前提。

以上這個座向的判斷先後順序的法則，是筆者整合歸納風水前輩們的說法，經過不斷思索實踐後，所體悟出來的一套整合及創新的座向判斷原則。以這種方法判斷座向，找出宅向的位置，可以適用在絕大多數的房宅，在此提供給讀者作參考。

筆者的重點，只是在幫助讀者，整理出一個思路，而不是評斷風水老師的說法正確與否，因為各家有其獨特判斷座向的心法與經驗，外人實不得而知。

如果讀者能按照以上的操作程序，做出優先順序的判斷，就能找出真正的主要納氣口。對判斷宅向的位置，就不會再感到困惑了。

柒

羅盤使用篇

柒、羅盤使用篇

一、使用羅盤或指南針前需具備的觀念

風水羅盤是風水專業人士立向布局的重要工具，羅盤是由位於羅盤中央的磁針，和一系列的同心圓所組成的。每一層的同心圓，都是代表某一個層次的資訊，如卦象、五行、二十四山…等等，內容可謂是包羅萬象。這一層一層的文字訊息，其實就是風水師的小抄，因為一般人很難記得住這麼多風水堪輿的相關知識，所以就把這些訊息設計在羅盤上，以供隨時參考。

坊間的羅盤非常多元化，不同的風水派別，也會設計出不同的羅盤，如三元盤、三合盤、玄空飛星盤，以提供該學派的風水師所使用。有些玄空飛星盤，在找出房宅方位後，羅盤上就直接有對應宅飛星盤的飛星數字，相當方便。

筆者的大小羅盤

對風水初學者而言，看這些資訊就如同天書。但在初學的階段，只要能先了解其中最重要的地盤正針二十四山即可。

對風水初學者而言，測量房屋座向，所使用的工具，可以用羅盤，也可以用指南針，只要知道指南針量測出來的度數，是對應到羅盤二十四山中的那一山，即可推算宅飛星盤，不一定要使用羅盤，最重要的是讀取出來的度數。

因為我們測量座向，用的是磁北，因此看的是羅盤中的正針二十四山，也就是地盤。如果不知道那一圈是地盤，可以查閱羅盤說明書。

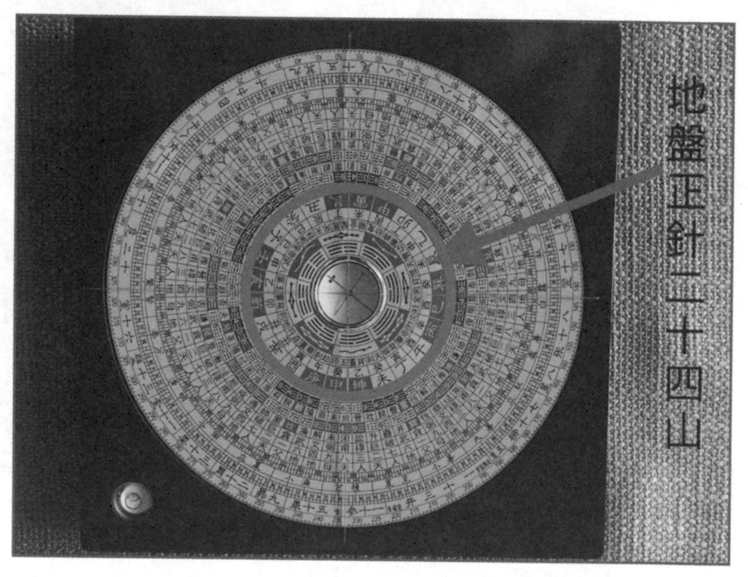

羅盤用磁北量測座向，也就是羅盤上的地盤正針二十四山

讀者首先要知道座向的角度測量，這是非常重要的一個步驟，測量錯誤就會導致全盤錯誤。這種錯誤就如同士兵用無線電呼叫砲兵、艦砲或轟炸機火力支援，結果座標報錯了，導致己方或友軍被砲擊的烏龍事件。

風水學上，也有「分金差一線，富貴不相見」或是「羅經差一線，富貴不相見」的說法，也就是測量的角度稍有偏差，就會與富貴無緣相見。說的就是，風水師需要以相當審慎嚴謹的態度，做出正確的測量。

在風水羅盤的運用上，不講八方，也就是不講東、西、南、北、東北、東南、西南、西北等八個主要的大方位，而是講二十四山。也就是一個大方位，可分成三個小方位。一個大方位是 45 度，因為一個圓周 360 度除以 8 等於 45 度，但再分成三個小方位，一個小方位，就是 15 度。

舉例而言，屬於北方的方位，涵蓋 45 度的範圍，可分成三個山的小方位，羅盤上用壬、子、癸代表。西方人不懂中文字，就用 N1、N2、N3 來代表壬、子、癸，意思相同。壬、子、癸三山，每座山包含 15 度的範圍。

因為在一個大方位之中，有三個小方位的緣故，其中有些小方位在當時的理氣是好的，但有些小方位的理氣反而是不好的。所以不能以大方位來看，不能說現在是八運，所有的座東北朝西南的房子都好，必須經過推算才知，在這裡只是給讀者一個簡單的概念。

真正在測方位時，不能只是說我家是座北朝南，而是要更詳細地測量出是壬山丙向，或是子山午向。以英文代號而言，壬山丙向記為 Sitting N1 Facing S1，子山午向記為 Sitting

N2 Facing S2。讀者如果不想記傳統羅盤的二十四山，也可以用英文代號記憶。

與二十四山對應的角度

角度	二十四山	英文代號	方位		角度	二十四山	英文代號	方位
337.5°-352.5°	壬	N1	北方		157.5°-172.5°	丙	S1	南方
352.5°-7.5°	子	N2			172.5°-187.5°	午	S2	
7.5°-22.5°	癸	N3			187.5°-202.5°	丁	S3	
22.5°-37.5°	丑	NE1	東北		202.5°-217.5°	未	SW1	西南
37.5°-52.5°	艮	NE2			217.5°-232.5°	坤	SW2	
52.5°-67.5°	寅	NE3			232.5°-247.5°	申	SW3	
67.5°-82.5°	甲	E1	東方		247.5°-262.5°	庚	W1	西方
82.5°-97.5°	卯	E2			262.5°-277.5°	酉	W2	
97.5°-112.5°	乙	E3			277.5°-292.5°	辛	W3	
112.5°-127.5°	辰	SE1	東南		292.5°-307.5°	戌	NW1	西北
127.5°-142.5°	巽	SE2			307.5°-322.5°	乾	NW2	
142.5°-157.5°	巳	SE3			322.5°-337.5°	亥	NW3	

二、羅盤的外形結構

羅盤的結構，是由海底（中間圓盒內的指南針）、內盤和外盤組合而成。以下筆者對羅盤的結構稍做介紹：

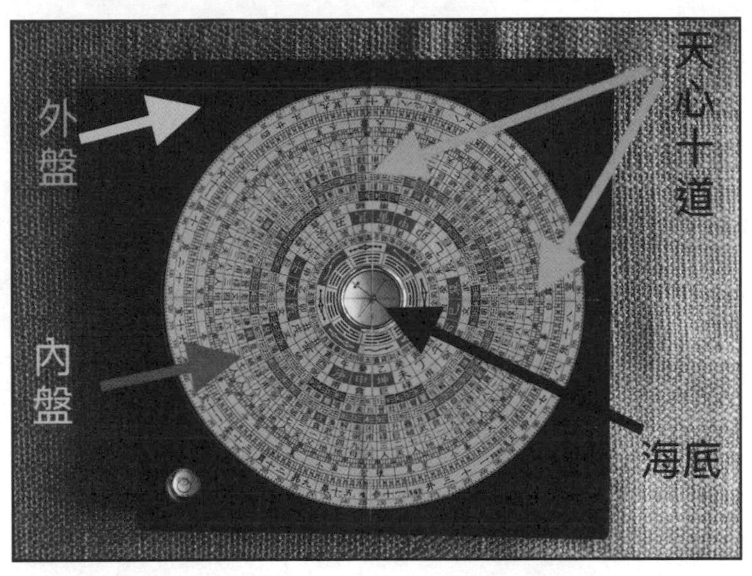

羅盤的中央部分，稱作天池，又稱海底。海底的圓盒，是標準的圓柱形，海底底部是白色底部，畫上用來定位的紅色十字線，要呈九十度直角，頂針固定在海底十字線的交點上。有些羅盤的海底底部，不用紅色十字線，而是一條紅線，紅線是以南北定位的，下方有兩個點，有兩個點的方位就是正北方。上面有一根很靈敏的磁針，磁針有一端，是有兩個像牛角般的尖狀物，在轉動內盤做方位校正時，這兩個牛角般的尖狀物，要正好落在兩個紅點上。

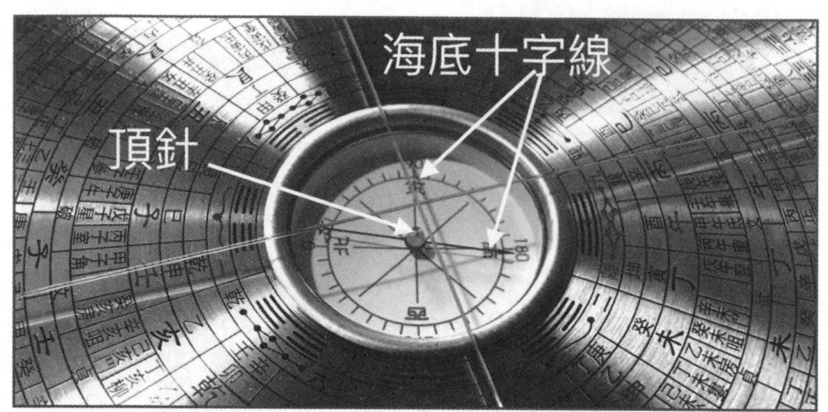

兩條東西南北成直角的垂直線，頂針在十字線交叉的位置

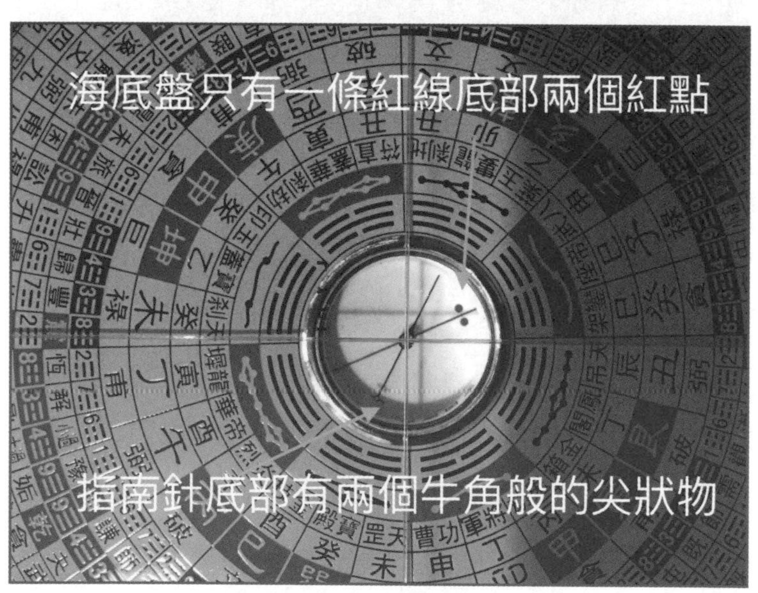

有些羅盤的海底只有一條紅線，底部有兩個紅點。

轉動羅盤內盤，讓指針兩個小牛角尖端處，落在兩個紅點上

天池（海底）的外面，是銅面黑底金字或金底黑字或黃底的活動轉盤，稱內盤或圓盤。金底黑字的內盤看起來比較吃力，尤其在陽光下更會反光刺眼。黃色的內盤，較不傷眼力。

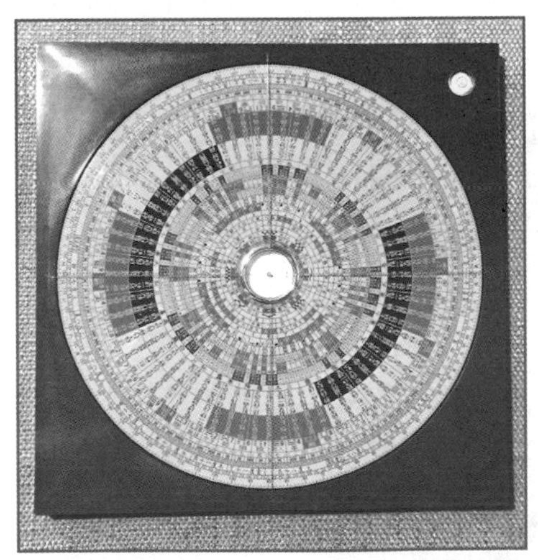

黃色內盤的羅盤，看起來較不傷眼力

內盤上有一圈圈的文字，羅盤盤面層次繁多，從五行八卦、天干地支、節氣方位到天文曆法…等，習慣上一圈稱作一層。羅盤有各種大小尺寸，層數也不同，但其中一定會有一層是二十四山方位。最外是一方形盤身，稱為外盤或方盤，市面上常見電木材質的盤身。外盤有四個小孔，分別有兩根魚絲或膠線以十字形穿於四邊中間的小孔內，它是用來定座向的。這兩條垂直的十字魚絲線，稱作「天心十道」或「十字天心」。

羅盤的種類很多，常用的有三元盤、三合盤、三元三合綜合盤、易盤、玄空盤…等。但無論是那門那派的羅盤，中間必有一層是二十四山方位。從北方開始依順時針排列分別是王子癸、丑艮寅、甲卯乙、辰巽巳、丙午丁、未坤申、庚酉辛、戌乾亥，共二十四個方位 。

沒有天池的小自動羅盤，也有二十四山

這二十四個方位包括八天干（甲、乙、丙、丁、庚、辛、壬、癸，不包括戊、己，因為戊己的方位是屬於中央），加上十二地支（子、丑、寅、卯、辰、巳、午、未、申、酉、戌、亥）再加上四隅卦（乾、坤、艮、巽），又稱為二十四山。

三、羅盤座向測量法

如何使用羅盤來測量房宅的座向呢？

在使用羅盤之前，有以下幾點需特別注意：

1. 必須先將身上的鐵器（金屬項鍊、皮帶銅釦）、電器用品，如手機或是會干擾羅盤磁場的物品全部取下。尤其現在的手機護套都有磁鐵，影響很大。手機一接近羅盤，馬上會造成磁針劇烈地轉動，接近久了，磁針可能就失效了。

2. 注意測量地點附近沒有鐵器、電線桿、電箱、電塔…等任何可能會干擾電磁場之物品。

3. 羅盤的盤面必須保持水平，指針不可一邊往上翹或往下掉（除了在接近南北極的地區例外，筆者在紐西蘭使用，羅盤的指針就常有這種狀況），通常羅盤旁邊會有一個水平儀，只要氣泡在小圓圈當中，即說明羅盤已經是端平了。如果氣泡在小圓圈外，則說明羅盤沒有端平。有些羅盤的水平儀設計為垂直狀的兩條水平儀，用來校正前後左右的傾斜狀況，設計不同，意義相同。同時也要注意銅製轉盤與盤體的接合處是否密合，不可有鬆動、破裂，因為這都會影響量測結果。

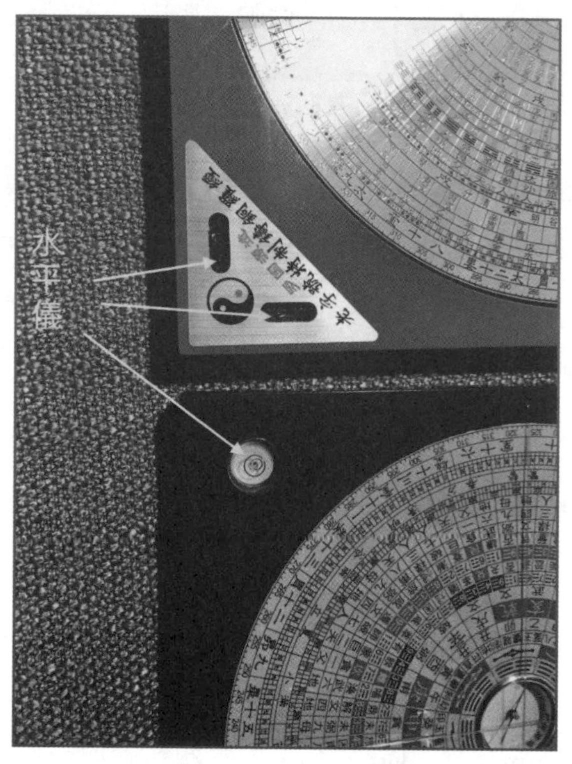

4. 檢查羅盤是否正常，若有彎曲變形則不得使用。

開始用羅盤量測：

首先根據第陸篇、《座向判斷篇》所提供的座向判斷法找出宅向。量測者面向房宅，雙手分別托住羅盤外盤兩側，雙腳略為分開。

將羅盤放在胸腹之間的位置上，保持羅盤水平狀態，不可左高右低，或者前高後低。

再調整羅盤，羅盤上方的十字魚絲線，稱作「天心十道」或「十字天心」。其中一條需與宅向切面保持平行，一條則與量測者呈垂直。確認了十字魚絲線的位置之後，則要開始轉動內盤做方位校正。天池內指針會開始轉動，要讓指針尾部兩個牛角般的尖狀物，剛好落在兩個紅點上。

如何將羅盤與宅向切面保持平行，說起來簡單輕巧，但其中卻有很大的學問，一般的風水書也不會詳細說明，只是提到說與最大採光面或大門平行就一筆帶過。但如何平行，以避免「羅經差一線，富貴不相見」的狀況呢？

以前的人在測量陰宅時，有風水師會把羅盤外盤的邊緣頂在墓碑邊緣量測，這確實是一個精準量測的好方法。因為墓碑的石頭沒有磁性，抵住邊緣，角度也不會偏掉。但現在的房子內有鋼筋鋼梁，大門附近也有許多會影響指針測量的因素。且在住宅旁和離住宅兩公尺外測量出來的數據，也會不同。

有經驗的風水師，能快速精準地以羅盤測出精確的角度。但對風水初學者而言，這是一個難題。

筆者在這裡給風水初學者，提供一個筆者自己體悟出來的方法，可以配合羅盤使用，做出精準測量，但僅作參考。讀者可自行設計一個長方形柱體，木製或塑膠製品皆可，只要沒有磁力的就可以。接縫處不可用鐵釘，只能用快乾等強力膠水黏合，以避免鐵釘的磁力影響指針。在要量測住宅切面的大門或陽台處，找兩個相鄰近的點，分別以皮尺拉出兩公尺的長度，在地上做記號，再將兩點以粉筆在地上畫出一條直線，這條線就會和宅向切面精準平行。將所準備的長方柱其中一面，與地面上所畫出來的線切齊固定，再將羅盤放在長方柱上。羅盤的邊緣，與長方柱面對宅向的這面邊緣切齊即可。

長方柱的長寬以略大於所用的羅盤即可，高度到使用者的胸腹之間的高度。在長方柱底下的四個角，也可做成可調式高度的設計，如電冰箱的四個可調式的腳一樣，以因應不同的地形。

這麼做的原因，就是盡量避免因為持羅盤的角度與屋宅宅向切面不平行，而導致的偏差。但要依不同房宅的狀況，做實際操作的調整，但大原則就是如此。

有些讀者可能會為了方便起見，直接把羅盤放置地面，筆者並不認同這種做法。第一對羅盤不敬，羅盤是我們測量風水的重要利器，要保持恭敬心對待，要如同軍人尊敬自己的槍一樣。第二也容易讓羅盤損傷，第三看起來很隨便、不專業。

在確認羅盤與所面對的宅向切面平行後，再開始轉動內盤，用來校準磁針。用雙手的大拇指轉動圓形的內盤，當內盤轉動時，天池內的磁針也會隨之轉動。將內盤轉動到磁針與天池內的紅線重疊在一起，並且靜止下來為止。讓指針有牛角突出處，剛好位在天池底部兩個紅點處，或是天池紅色十字線寫「北」字的正北方，也就是零度的位置，取得房子的座向及角度。

此時，查看羅盤上與持羅盤者的身體呈垂直的紅色魚絲線，壓在二十四山的那一個字上，以接近房宅的那一側為坐山，以靠近量測者身體的這一側為向山。譬如靠近量測者身體的這一側的字若為「午」，而接近房宅那一側的字為

「子」，則稱這間房宅的座向為「子山午向」或「坐子向午」，而不稱座北朝南。

以接近房宅的那一側為坐山，以靠近量測者身體的這一側為向山

也有風水師量測的方式，是背對房子的。這種方法讀取出來的結果，就是以靠近持羅盤者胸部這側為坐山，而面對的方向是向山。方法不同，原理相同，看個人喜歡用那種方法。

如果背對房子量測，以靠近持羅盤者胸部這側為坐山，而面對的方向是向山。

用羅盤或指南針找出屋宅的座向，如得出子山午向、壬山丙向…等座向後，我們就可以開始進入理氣的計算應用了。

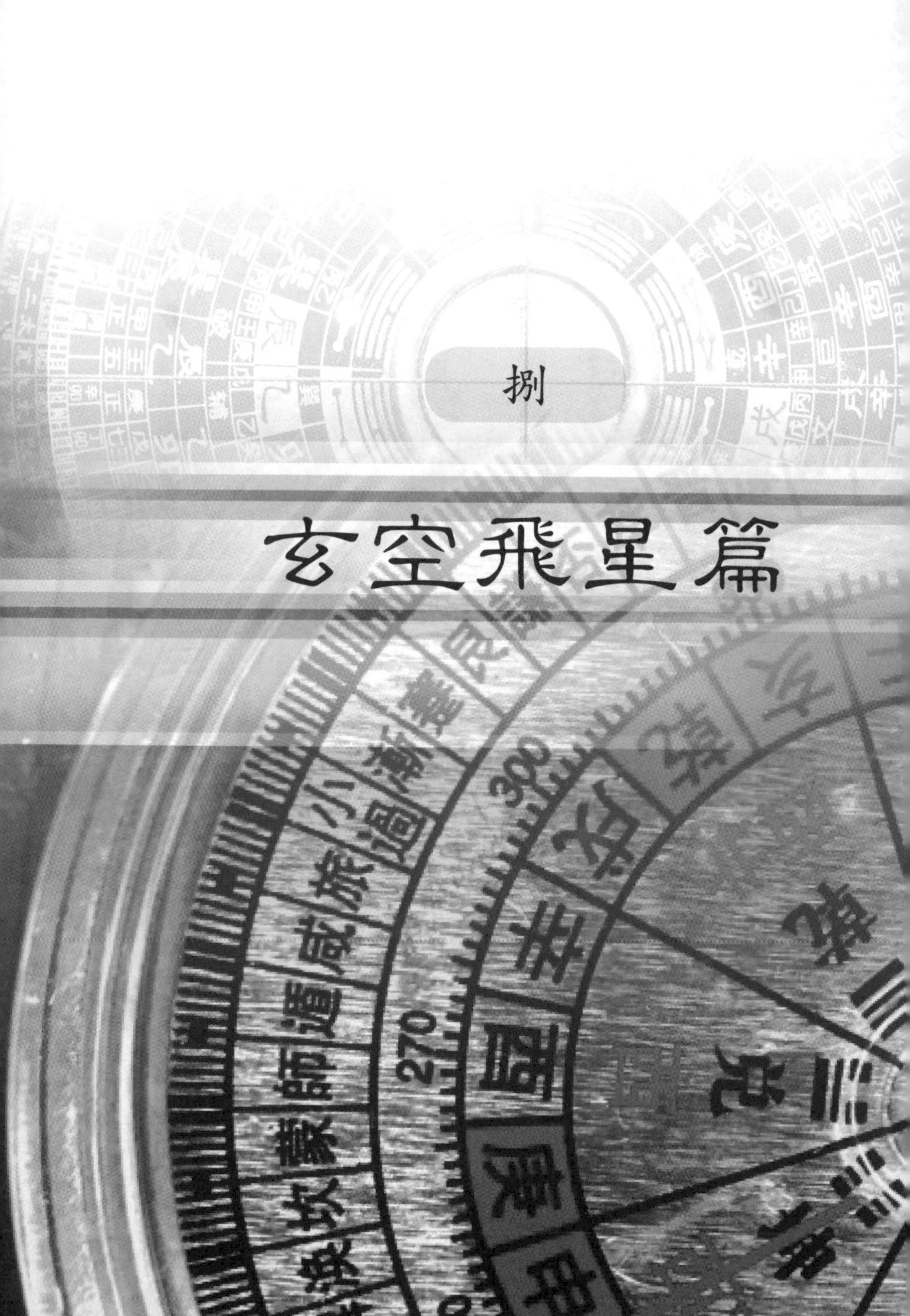

捌

玄空飛星篇

東
震
卯
乙
甲
寅
艮
丑
同人
革
離
豐
家人
既濟
賁
明夷
無妄
隨
臨
損
節
30
60
90

捌、玄空飛星篇

玄空飛星，或稱為九宮飛星，是一門以理氣為主的風水堪輿學說。講究的是風水會隨著時間推移，不同飛星的飛泊所到之處，會產生不同的變化。我們研究玄空飛星風水，就是要分析這種飛星的組合變化，做適當的興旺吉星和化解煞星等風水調理。

一、洛書與方位

在玄空風水學中，九宮飛星的方位和吉凶，會隨時間推移而產生變化。而固定的洛書八卦方位，所代表的意義，是不會隨著時間變化的。

玄空飛星是由洛書演變而來，不管是固定方位所代表的意義，還是九星飛泊的順序，都和洛書有極為密切的關係。

雖然是風水初學者，但洛書的數字順序不能不知道。洛書的口訣：「戴九履一，左三右七，二四為肩，六八為足，中央居五。」

將以上數字結合相對位置，套入以下表格就是：

4	9	2
3	5	7
8	1	6

如果再套入八卦的卦名、方位、家中成員代表，就會如下圖所示：

東南 -4 （巽卦、長女）	南方 -9 （離卦、中女）	西南 -2 （坤卦、母親）
東方 -3 （震卦、長男）	中宮 -5	西方 -7 （兌卦、少女）
東北 -8 （艮卦、少男）	北方 -1 （坎卦、中男）	西北 -6 （乾卦、父親）

每個方位所代表的意義與家庭成員及身體健康的關聯，我們也可以簡單地用以下的圖表來做連結。

方位	卦位	陰陽	五行	家中成員	對應臟器
西北	乾	陽	金	父親	肺、喉嚨、鼻、頭、大腸
西南	坤	陰	土	母親	腹、脾胃
東方	震	陽	木	長男	肝、足、神經系統
北方	坎	陽	水	中男	腎、膀胱、耳朵
東北	艮	陽	土	少男	脾胃、手
東南	巽	陰	木	長女	膽、大腿
南方	離	陰	火	中女	心臟、血液、眼睛、頭
西方	兌	陰	金	少女	肺、口腔、喉嚨、鼻

以上都是由洛書的方位所衍生出來的相關系列，而最原始的以五居中的洛書九宮格，稱作是「元旦盤」。

二、三元九運

讀者先就以上的內容，做個初步的了解後，接下來我們就可以開始進入九宮飛星的部分。在羅盤的量測後，可以得知房屋座向，再了解房屋是在何時所建造的，就能推算出這間房屋的飛星盤。

推算之後，根據九宮飛星的吉凶，來了解其中的生剋影響。再配合以上九宮八卦方位中，對家人及對應臟器的影響，我們就可以來初步判斷風水之吉凶。

比如，某一年九星中的凶星二黑星進入東方。東方代表長子，也代表肝、足、神經系統。那麼這一年中，長子的健康，或家人的肝、足、神經系統，可能會出現問題。

透過這些收集來的資訊及數字進行分析，做為風水調整的根據，最後能達到趨吉避凶，這也是研究玄空飛星學的目的。

簡單的比喻，就如同中醫透過望、聞、問、切等方法，了解到病人生了什麼病，之後再對症下藥一樣。要了解九宮飛星之前，我們必須先來簡單了解什麼是三元九運。

在曆法上，每六十年稱為「元」，上元掌管六十年，中元掌管六十年，下元掌管六十年，三元總共一百八十年。

將九宮的這九顆星套進去這一百八十年當中，每一顆星分別掌管二十年。這九顆星的名稱，為一白星、二黑星、三碧星、四綠星、五黃星、六白星、七赤星、八白星和九紫星。分別掌管一到九運，每個元運各二十年，總共一百八十年。

當一百八十年結束的時候，又再由一白星掌管一運，如此循環不息。

目前正處於八運 (2004 年 -2023 年) 的時候，掌管八運的八白星稱為「當令星」。在這二十年當中，八白星所飛到的方位，稱為當時得令，是一個旺方。

如果門向開在八白星的向星方位，就能吸納這顆大財星的磁場，自然可以在當時得令，可說是已經具備旺財風水屋的主要條件。在八運當中，凡八的數字都代表當時得令。在八運的時候，掌管九運的九紫星和掌管一運的一白星稱為「未來星」。

當令星和未來星都是吉星，這代表在八運的二十年當中，九紫星所到之處，都能夠帶來吉運。此外，凡九的數字都代表吉祥。尤其九紫星也是一顆喜慶星，因此可說是吉上加吉。

而一白星也是如此，不過效力不如九紫星。在八運時，當令星八白星才是最強吉星和財星。以旺財的狀況而言，當令星是現在就發財，而未來的吉星，代表未來才發財，適合長期投資，有可能二、三十年後才發財。譬如在八運中，大門的向星是一白星，因為是未來星，要等到二十幾年後，才會當時得令。在這裡提到向星這些名詞，之後會加以說明。

在八運時，二運星到七運星都稱為「退運星」，也稱為「失令星」。退運星中以二黑星和五黃星最凶險，是一級凶煞星。對於凶星所到的方位，需要通過風水擺設，來化掉凶煞。不同的方位有著不同含意，而不同的飛星，在得令和失令時，也有著不同的吉凶意涵。

三、九星的屬性及意涵

筆者整理以下圖表，讓讀者可以快速掌握九星所代表的屬性及意涵。

九星所代表的屬性及意涵

序號顏色	陰陽屬性	五行	星名	主要影響	當運	失運
一白	陽	水	貪狼星	桃花文職	桃花感情順遂，官運、財運亨通	破財、損家、爛桃花、流落異鄉
二黑	陰	土	巨門星（病符星）	身心病痛	位列尊崇，成就偉業	為病符星，破財橫禍、病痛不斷、死亡絕症
三碧	陽	木	祿存星（是非星）	官非鬥爭	辯才無礙，適合當律師、法官	為官符星，官非訴訟，意外、破財招刑罰、盜賊入屋
四綠	陰	木	文昌星	讀書考試	文化藝術，才華洋溢	為桃花劫星，招酒色之禍、淫亂
五黃		土	廉貞星（五黃煞）	災病凶煞	位極尊崇，顯貴無比	為五黃煞，死亡絕症、血光之災、家破人亡。動土遭凶煞
六白	陽	金	武曲星	軍警官運	軍警獲拔擢，武將勛貴，丁財兩旺	失財星，可令傾家蕩產
七赤	陰	金	破軍星	盜賊破財	大利以口才工作的人，包括歌星、演說家、占卜家、記者等	口舌是非，又代表火險、開刀及身體上呼吸、肺部的毛病。出外招盜賊，小人環伺
八白	陽	土	左輔星	富貴功名	為九星中第一吉星。富貴功名不絕，發財添丁，廣置田產	為失財失義
九紫	陰	火	右弼星	福祿喜事	喜事臨門，有情人成眷屬，為一級喜慶星及愛情星，代表桃花人緣，貴客盈門，大利置業及建築	為桃花劫星，損丁破財，亦主火災、心臟病、眼疾、流血

對於九星中的某些特性，以下再略做補述。

一白、三碧、六白、八艮為陽星；二黑、四綠、七赤、九紫為陰星。飛星盤的任一宮位都是喜歡陰陽聚會，所謂異性相吸，而忌諱純陰或純陽之數。

一白、六白和八白，是九星中的三大財星。在九宮飛星中，每顆飛星都有其代表顏色。在各種顏色中，紫、白是代表吉星，所以一般簡稱紫白飛星。

當前是八運，即將進入九運。二黑星要到二運才當令，所以在八運剩下的這幾年，再加上九運的二十年，這顆凶星會持續保持破壞力。

五黃土星又稱正關煞、戊己大煞。目前是八運，要再等一百年後五黃才會當令，最快也要到三運時，也就是六十年後，五黃才會漸漸轉為吉星。因此在這六十年間，五黃煞都會是一級煞星，都必須要化洩。

五黃的方位一般都是宜靜不宜動，五黃最忌聲響，若遇到剛好又是歲破方，凶性更大，重則損丁損財。歲破方的方位可參閱第玖篇、《流年飛星篇》中的說明。遇到五黃煞，要用金來洩，不要用剋法，越剋越兇。就如同打罵叛逆期的孩子，越打罵，就越叛逆。這顆凶星所在的方位，如果是飛入吉星的方位，如八白、九紫，可以略減凶性。但若是飛入二黑、三碧等凶星，可說是雪上加霜、凶上加凶，必須化解，否則容易有重病、血光之災等不幸事故發生。

四、九星的飛泊順序

根據洛書元旦盤的數字，如下圖：

4	9	2
3	5	7
8	1	6

再套入方位，可以得到下圖：

東南 -4	南方 -9	西南 -2
東方 -3	中宮 -5	西方 -7
東北 -8	北方 -1	西北 -6

我們可以看到數字移動的順序，從中宮的 5→飛到西北方的 6→飛到西方的 7→飛到東北方的 8→飛到南方的 9→飛到北方的 1→飛到西南方的 2→飛到東方的 3→飛到東南方的 4→最後飛回到中宮的 5。

我們可以將 5 進入中宮的飛星飛泊軌跡圖示如下：

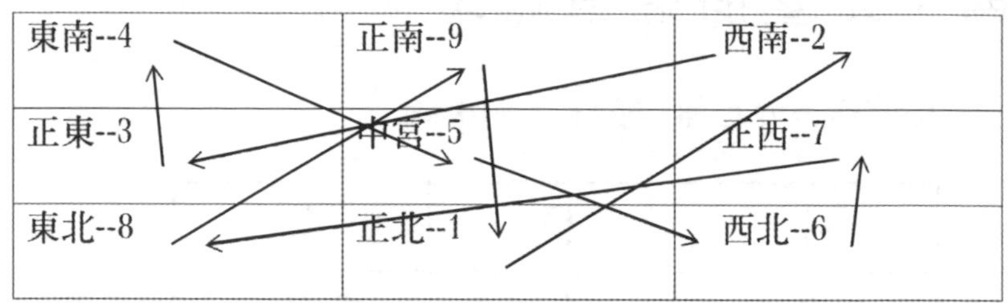

這是以 5 入中宮的飛行飛泊軌跡，但當其他星飛入中宮時，只是代入的數字不同，但飛泊軌跡完全一樣。

如以一白星的 1 飛入中宮，如下圖：

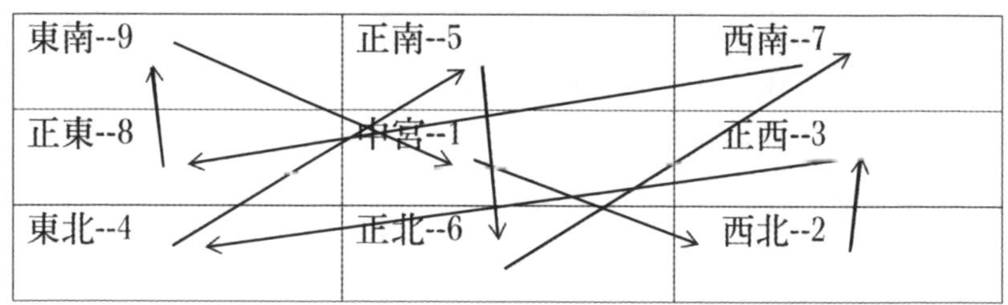

在上圖的九宮格中，中宮位置是一，也就是一白星。對於這張圖，我們不用去記住每個九宮飛星的位置，因為這些

位置都是會變化的。重點是一定要記住圖中箭頭的軌跡，這就是九宮飛星飛泊的順序。同時，筆者也已經註明方位，這張圖是上南下北，左東右西，洛書九宮方位就是如此。

我們以下圖再來練習以二黑星飛入中宮的飛泊順序，箭頭方向就是九宮飛星的飛行軌跡。其他的以此類推。

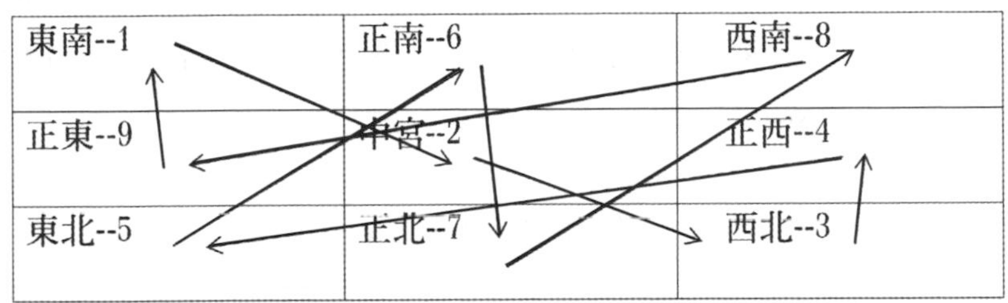

五、依元運、座向排出飛星盤

依照玄空飛星的三元九運的理論，每個元運各二十年，總共一百八十年為一個循環。

筆者列出離我們最近的一到九運，給讀者作參考。按表查一下你家的住宅建於那一年，就是屬於那一個元運的屋宅。

一運：1864 年 -1883 年

二運：1884 年 -1903 年

三運：1904 年 -1923 年

四運：1924 年 -1943 年

五運：1944 年 -1963 年

六運：1964 年 -1983 年

七運：1984 年 -2003 年

八運：2004 年 -2023 年

九運：2024 年 -2043 年

以那一個元運入中宮，再加上房宅座向，就可以排出該房宅的飛星盤。讀者可以參照下圖，複習熟悉一下羅盤二十四山的角度。

與二十四山對應的角度

角度	二十四山	英文代號	方位		角度	二十四山	英文代號	方位
337.5° -352.5°	壬	N1	北方		157.5° -172.5°	丙	S1	南方
352.5° -7.5°	子	N2			172.5° -187.5°	午	S2	
7.5° -22.5°	癸	N3			187.5° -202.5°	丁	S3	
22.5° -37.5°	丑	NE1	東北		202.5° -217.5°	未	SW1	西南
37.5° -52.5°	艮	NE2			217.5° -232.5°	坤	SW2	
52.5° -67.5°	寅	NE3			232.5° -247.5°	申	SW3	
67.5° -82.5°	甲	E1	東方		247.5° -262.5°	庚	W1	西方
82.5° -97.5°	卯	E2			262.5° -277.5°	酉	W2	
97.5° -112.5°	乙	E3			277.5° -292.5°	辛	W3	
112.5° -127.5°	辰	SE1	東南		292.5° -307.5°	戌	NW1	西北
127.5° -142.5°	巽	SE2			307.5° -322.5°	乾	NW2	
142.5° -157.5°	巳	SE3			322.5° -337.5°	亥	NW3	

透過羅盤方位，讀者可以認識二十四山的位置

現在我們就正式進入計算房宅飛星盤，我們以一間建於1976年的壬山丙向房宅為例，對照以上年運，得出這是屬於六運的房宅。

首先，畫出九宮格，將六入中宮，依飛星順飛的飛泊軌跡順序，依次填入九宮格中，得出以下結果。

丙↑

五	一	三
四	六	八
九	二	七

壬

筆者在北方坎宮下方註明壬，讓讀者知道坐山是壬山，在南方離宮上方註明丙，讓讀者知道向山是丙山，並用↑表示屋宅朝向的方向。本文中所提到的房宅飛星盤，都是以此法標記，不再贅述。

因為座向為壬山丙向，壬山在北方坎宮，將坎宮的二，放在中宮六的左上方，改以阿拉伯數字書寫為2，代表坐山的坐星，也稱作山星。

接著找丙山，丙山在南方離宮，將離宮的數字一，放在中宮六的右上方，改以阿拉伯數字書寫為1，代表向山的向星，也稱作水星。這個步驟很重要，不要將山星和向星的位置弄錯了。一旦弄錯，全盤皆錯。

丙↑

五	一	三
四	21 六	八
九	二	七

壬

下一步更重要，也是較需要動腦筋的部分。主要是牽涉到飛星順飛和逆飛的順序。所謂的順飛，就是從中宮開始，按照九宮飛泊的順序順著飛，如6→7→8→9→1→2→3→4→5。所謂的逆飛，就是從中宮開始，也是按照九宮飛泊的飛行軌跡，但數字要逆推，如6→5→4→3→2→1→9→8→7。因此不管順飛逆飛，飛泊的軌跡都一樣，主要的差別在順飛是數字順推，逆飛是數字逆推。

要知道山星向星是要順飛還是逆飛，坊間的風水書有不同的教法，但筆者將最容易記的方法，提供給讀者。

首先先要知道二十四山在四正位與四隅位的順序。四正位也就是東西南北，四隅位就是東北、東南、西南、西北。

四正位

北方	坎宮	壬
		子
		癸
東方	震宮	甲
		卯
		乙
南方	離宮	丙
		午
		丁
西方	兌宮	庚
		酉
		辛

四隅位

東北方	艮宮	丑
		艮
		寅
東南方	巽宮	辰
		巽
		巳
西南方	坤宮	未
		坤
		申
西北方	乾宮	戌
		乾
		亥

我們要記得四正位及四隅位每一宮內三山的順序，順序不能亂，如坎宮的順序壬、子、癸，不能記成子、癸、壬，會計算錯誤。又如艮宮丑、艮、寅，就是丑、艮、寅，順序不能顛倒。

接著我們來看中宮山星和向星的數字，只要是中宮山星或向星出現奇數1、3、7、9，對應的就是陽陰陰；出現偶數2、4、6、8，對應的就是陰陽陽。5的話則看本來的坐山或向山的排列。

丙↑

五	一	三
四	21 六	八
九	二	七

壬

先以山星 2 開始推算，2 是偶數，偶數對應的順序是陰陽陽，而對應到坐山宮位坎宮的三山是壬、子、癸。因此對應的結果如下：

陰－壬→逆飛

陽－子

陽－癸

而本宅是壬山丙向，因此壬是對應到陰。對應到陰代表要逆飛，因此從中宮開始，按照九宮飛泊的飛行軌跡，但數字要逆推，如 2 → 1 → 9 → 8 → 7 → 6 → 5 → 4 → 3。

丙↑

3 五	7 一	5 三
4 四	2 1 六	9 八
8 九	6 二	1 七

壬

接下來看向星的部分 1，1 是奇數，奇數對應的順序是陽陰陰，而對應到向山宮位離宮的三山是丙、午、丁。因此對應的結果如下：

陽－丙→順飛

陰－午

陰－丁

而本宅是壬山丙向，因此丙是對應到陽。陽代表要順飛，因此從中宮開始，按照九宮飛泊的飛行軌跡，但數字要順推，1→2→3→4→5→6→7→8→9。

推算出來的飛星盤如下圖：

丙↑

3 9 五	7 5 一	5 7 三
4 8 四	2 1 六	9 3 八
8 4 九	6 6 二	1 2 七

壬

因此只要了解山星逆飛和向星順飛的飛行軌跡，就可推算出本宅的飛星盤。

另外要注意的是，如果山星或是向星為 5 的話，則要依照四正位三山的排序是陽陰陰，四隅位三山的排序是陰陽陽來推算。

以八運艮山坤向的屋宅為例，如下圖，先將八套入中宮，再按照飛星飛泊軌跡順飛，得出下圖。

↗坤

七	三	五
六	八	一
二	四	九

艮

而在艮山坤向的房宅中，艮山是坐山，位置在艮宮之中，數字為二，先將坐山的 2，寫在中宮八的左上角。而坤山是向山，坤山在坤宮中，數字為五，再將向山 5 寫在中宮八的右上角：

↗坤

七	三	五
六	25 八	一
二	四	九

艮

按照之前所說的方法，先來推算山星的飛星是順飛還是逆飛，因為山星是 2 為偶數，為陰陽陽，在艮宮的排列為丑、

艮、寅，艮在第二，對照陰陽陽為陽，因此要順飛。

陰－丑

陽－艮→順飛

陽－寅

↗坤

1 七	6 三	8 五
9 六	25 八	4 一
5 二	7 四	3 九

艮

接著我們來計算向星的飛法，因為向星為5，因此計算方法要根據四正位三山的排序是陽陰陰，四隅位三山的排序是陰陽陽的方法來推算。坤山是在坤宮，屬於四隅位。四隅位的排序是陰陽陽，而坤宮三山的排序是未、坤、申，坤對應為陽，所以要順飛。因此，得出以下完整的飛星盤。

陰－未

陽－坤→順飛

陽－申

↗坤

14 七	69 三	82 五
93 六	25 八	47 一
58 二	71 四	36 九

艮

六、山星、向星和年星是計算重點

當我們已經推算出家中的飛星盤時，可以看到在這九宮當中，每一宮都有三個數字，以上面的八運艮山坤向的房宅例子來說：

↗坤

14 七	69 三	82 五
93 六	25 八	47 一
58 二	71 四	36 九

艮

中宮的八為元運星，左上角的阿拉伯數字 2 為坐星，又稱山星，右上角的 5 是向星，又稱水星。再以右下角西北方乾宮為例，九為元運星，左上角的阿拉伯數字 3 為坐星，又稱山星，右上角的 6 是向星，又稱水星。

每個宮位的山星和向星的結果，是從元運盤推算出來的，得出推算結果後，飛星盤中的元運星就不重要了，要把重點放在山星和向星的組合上。再加上流年飛星飛入該宮位後，與該宮位的山星、向星結合後，所產生的意義。這是分析飛星盤的重點，也是一個玄空飛星學上的祕密。

玄空飛星盤上有四顆星，有元運星、山星和向星，再加上流年星。在玄空飛星學上，要學懂如何分析飛星，才能做出精確的憑星斷事。重要的是在這些飛星關係中，要能分辨那一顆飛星是真、那一顆是假、那一顆有效、那一顆無效。不然將每顆星都當真，就會不知道判斷的先後順序。在做飛星盤分析時，元運星並不重要。

因此學玄空飛星學，最重要的就是看山向星的組合，接著就是看流年飛星飛入每一宮時，在當年對該宮的山星及向星，會產生什麼影響。

風水上提到，山管人丁水管財，說的是山星（坐星）和人的健康有關，而向星(水星)和財富有關。因此只要在山星8、9、1飛到的宮位處，就會旺丁，有利健康。在向星8、9、1飛到的宮位處，就會旺財。當然還是要搭配巒頭，也就是內外格局來看。

重點是在「山星」為8、9、1吉星的宮位處，外巒頭要有秀麗的山巒或富麗堂皇的建築，這才是吉，如果不見山，反而見到水就不吉了。反之，在「向星」為8、9、1吉星的宮位處，外巒頭要有清澈蜿蜒的河流、湖泊、泳池…等，這才是吉，如果不見水，反而見到山峰或高樓就不吉了。

以八運的丑山未向屋宅為例，飛星盤如下圖：

↗未

36 七	7① 三	5⑧ 五
47 六	25 八	⑨3 一
⑧2 二	6 ⑨ 四	①4 九

丑

這是在八運到山到向或稱旺山旺向的旺宅，在坐山丑山的位置的山星是8，8是目前八運的得令星，因此8在坐山的位置，就是最好的位置，這個稱作是到山或旺山。如果房宅後有秀美的山峰或高樓，就正好合局，也就是該有山的地方要有山。

而在向山未向的方位，向星剛好是 8，也是當元最旺的星，這個稱作是到向或旺向。向星的方位，最好要能見到清澈乾淨的水，或是有開闊的明堂，就正好合局，也就是該有水的地方要有水。水的位置不要太近，也不要太遠，以能見到水光為大發。

我們來查找一下山星的 8、9、1，分別是在艮宮、兌宮和乾宮，這三個地方用來設臥室，就有旺丁的效果。

而向星的 8、9、1，分別在坤宮、坎宮和離宮。8 的位置是坤宮，設成大門，已是旺宅的格局，若在坎宮有後門又更加分了。

臥室不要位於山星是 2 或 5 的宮位內，廚房不要位於向星是 2 或 5 的宮位內。

（一）、山星和向星的組合

接著我們來看山星和向星的組合，以上述八運的丑山未向的屋宅為例：

↗未

36 七 巽宮	71 三 離宮	58 五 坤宮
47 六 震宮	25 八 中宮	93 一 兑宮
82 二 艮宮	69 四 坎宮	14 九 乾宮

丑

有幾個宮位的組合要特別留意，離宮 71 的組合，在《玄空秘旨》提到「金水多情，貪花戀酒」，指的是七赤金和一白水的組合，要注意住在該房的人，容易有沉迷酒色的問題。

而中宮 25 的組合，《紫白訣》提到：「二五交加，罹死亡並生疾病。」、「二主宅母多病，黑逢黃至出鰥夫。」、《秘本》：「二五交加必損主。」代表對女主人的健康極為不利。「黑逢黃至出鰥夫」，黑指的是二黑星，黃指的是五黃星，鰥夫指的是喪妻的男人。也就是說，當二黑星和五黃星在同一個宮位時，對女主人的健康極為不利，嚴重時可能會死亡，造成男人喪妻。因此夫婦不能住在此屋宅中宮的房間。

而坎宮69的組合，《玄空秘旨》：「火燒天而張牙相鬥，家生罵父之兒。」、《搖鞭賦》：「天門見火翁嗽死。」指的都是家中出了不肖子，常常會和父親頂嘴吵架。或是父親有肺病，有咳嗽出血的狀況。

而乾宮14的組合，《飛星賦》：「當知四蕩一淫，淫蕩者扶之歸正。」要注意住在此宮位的人，容易有爛桃花、貪玩遊蕩的狀況。

這間房子看起來好像問題很多，但幸好它是一間在八運時旺山旺向的旺宅。只要啟動旺氣，就可以「一貴當權，諸凶懾服」。旺山旺向的旺氣，能夠鎮壓住所有的煞氣。就如同一位有德行的人，位居高位，大權在握，下面雖然有一些小人，但也有所忌憚，不敢胡作非為。

因為房宅氣場極旺，房間不良的理氣，就不會產生太大的負面影響。但是一旦進入到2024年九運時，這個八運旺山旺向的旺宅，就不再是旺宅了，所有不佳的理氣組合，可能就會出來作亂了。就如同有德行的人下台後，所有的奸佞小人，都會出來作亂，敗壞朝綱。若再加上不好的內外格局，更是容易啟動煞氣，必須要相當小心，事先預防。

（二）、流年飛星和山星、向星的交互影響

每年的流年飛星，在飛入不同宮位時，也會對該宮的山星及向星，產生交互作用的影響。

筆者以七運壬山丙向的房宅為例，在 2017 年時一白星入中宮，我們來看看會發生什麼事。

丙↑

23 ⑨ 六	77 ⑤ 二	95 ⑦ 四坤宮
14 ⑧ 五	32 ① 七	59 ③ 九
68 ④ 一	86 ⑥ 三	41 ② 八

壬

我們特別來看坤宮這一區。在 2017 年時，正好七赤星飛入坤宮。《飛星賦》提到：「紫黃毒藥，鄰宮兌口休嘗。」說的是九紫星和五黃星已經同宮了，九紫為火，五黃為毒，不能再遇到流年七赤星，因為七赤在八卦中屬兌宮，也代表口。如果九紫星和五黃星的組合，再遇到七赤星的話，就會成 957 的組合，也就是有把毒藥放到口中的意思，容易發生食物中毒現象，如果該宮的區域是廚房，就更容易應驗了。

七、將飛星盤套入房宅平面圖

當我們已經推算出房宅的飛星盤之後，將房子的平面圖，不包括陽台、花台，按照等比例畫出九宮格後，將飛星盤的數字套入九宮格，就可以開始進行分析。這整個房子的飛星盤就是屬於一個「大太極」。

但我們同樣可以將家中的任何一個區域或房間畫成九宮格，並且將同樣的飛星盤，套入那個區域或房間，這稱作是「小太極」。以房間為例，我們只要找出房間門，對照在這個小太極中山星和向星的組合，就可知道這間房間的飛星理氣如何。而床位在小太極飛星組合的位置，也是檢查的重點。因為人要在床位上睡八個小時，床位理氣的好壞，也是相對重要。

推算玄空飛星理氣的步驟如下：

1. 以羅盤定好座向
2. 排出房宅飛星盤
3. 以九宮格將屋宅平均劃分
4. 將飛星盤套入九宮格
5. 分析大門所在的飛星組合
6. 分析其他重要區域的飛星組合，如廚房、主臥室…等

7. 將臥室或其他空間畫成九宮格，此為小太極

8. 將飛星盤套入小太極

9. 分析臥室門和床在小太極中的飛星組合

以下筆者以八運的乾山巽向旺山旺向的房宅為例：

1. 以羅盤定出乾山巽向的座向

2. 排出房宅飛星盤

首先先按照本篇第五節所提供的方式，推算出八運的乾山巽向的飛星盤，我們可以看到在乾宮的山星為 8，在巽宮的向星為 8。以理氣而言，這是一間到山到向，或稱旺山旺向的旺宅。

巽↖

1⑧ 七	53 三	31 五
29 六	97 八	75 一
64 二	42 四	⑧6 九

乾

因為飛星盤是上南下北，左東右西。因此要將飛星盤轉換成與屋向一致，方便套入屋宅平面圖。如下圖：

巽↑

29 六	18 七	53 三
64 二	97 八	31 五
42 四	86 九	75 一

乾

3. 以九宮格將屋宅平均劃分

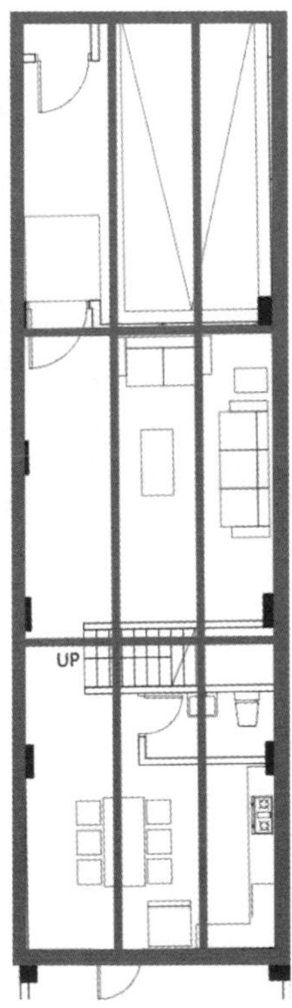

4. 將飛星盤套入九宮格

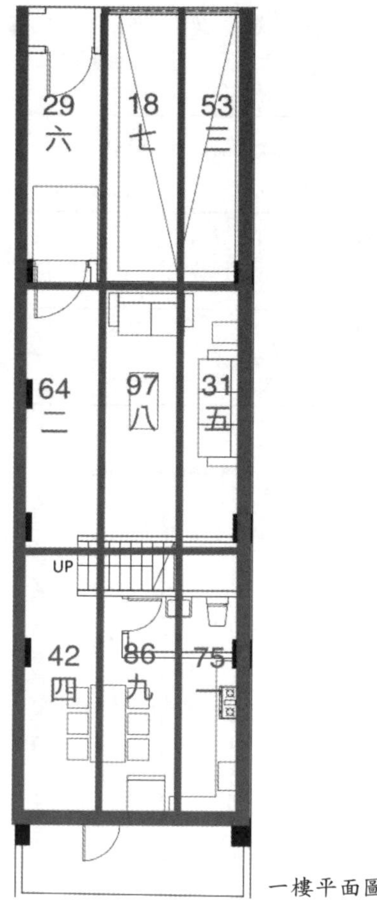

一樓平面圖九宮格

5. 分析大門所在的飛星組合

大門飛星的組合為 29，向星為 9，也是未來吉星，算是還不錯的大門方位。最佳八運當令的向星 8 落在車庫，比較可惜。但大門向星為 9，在九運時會有很好的財運。

6. 分析其他重要區域的飛星組合，如廚房、主臥室…等

廚房組合 75，算不吉的組合，因為向星 5 為五黃凶星。

7. 將臥室或其他空間畫成九宮格，此為小太極

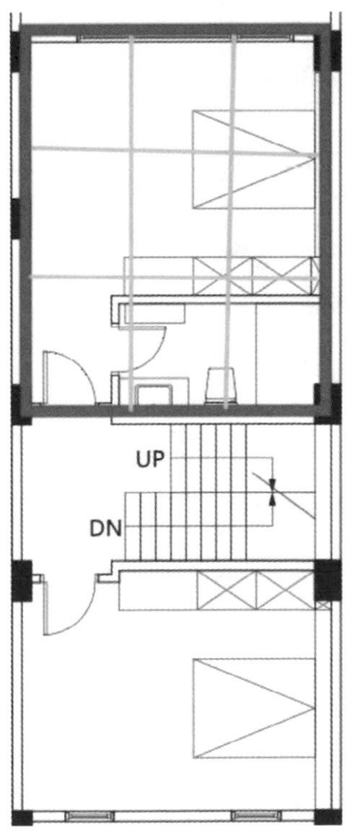

8. 將飛星盤套入小太極

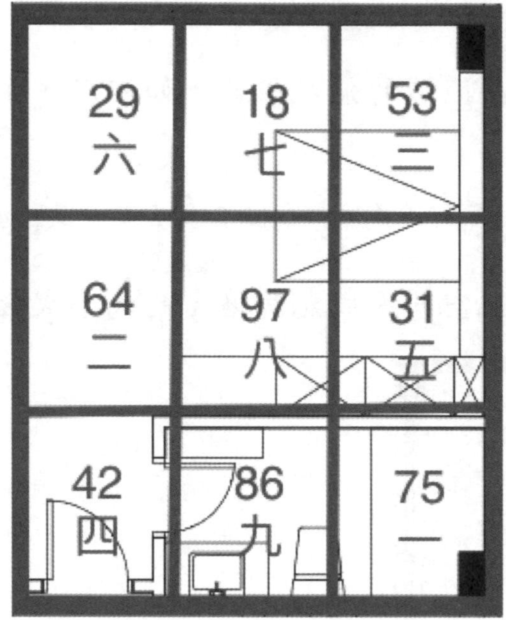

9. 分析臥室門和床在小太極中的飛星組合

臥室門開在42的飛星組合上，以理氣而言，屬於不吉。因為向星為2，為二黑病符星，不吉。八運時最好的床位，應在理氣8 6的飛星組合，因為8為當令星，山星為8，最適合放床，但在小太極中的86組合，因落在浴室中，所以沒有辦法放床。

屬於未來吉星的山星，是9和1。山星9在中宮，及山星1都不適合擺床。因為床要有靠，無法擺在中宮，而飛星組合 18 的宮位，後面有落地窗，也不適合擺床。除非封掉 18 宮位的落地窗，不然還是以目前擺放的位置即可，因為還是要以巒頭為主，理氣為輔，要以合理的擺設為優先考量。

八、常用的飛星組合與憑星斷事

在玄空飛星學上，有些口訣或歌賦廣為流傳，除了闡釋玄空飛星學的理論之外，其中的飛星組合所代表的吉凶，也可以作為憑星斷事的根據。以下筆者表列十個常見的雙星組合，作為讀者的參考。

常用的十種雙星組合

雙星組合	經典名言	意義
二、三	紫白訣：「鬥牛煞起惹官刑。」	官非、口舌是非、母與長子不合。
二、四	玄空秘旨：「風行地而硬直難當，室有欺姑之婦。」 秘本：「二逢四，咎當主母。」	媳婦欺壓婆婆，或長女與母親不合。
二、五	紫白訣：「二五交加，罹死亡並生疾病。」 「二主宅母多病，黑逢黃至出鰥夫。」 秘本：「二五交加必損主。」	母親或女主人多病，有死亡、流產的危險。
三、七	紫白訣：「三七疊至，被劫盜更見官災。」「七逢三到生財，豈識財多被盜；三遇七臨生病，那知病癒遭官。」	被偷盜、生病後又有官非。
四、一	紫白訣：「四一同宮，準發科名之顯。」 飛星賦：「當知四蕩一淫，淫蕩者扶之歸正。」	得令時旺文昌，有利於考試、讀書、升職加薪。 失令時爛桃花、淫蕩。
六、七	紫白訣：「交劍煞興多劫掠。」	交劍煞，刀光劍影，相互爭鬥。
六、九	玄空秘旨：「火燒天而張牙相鬥，家生罵父之兒。」 玄機賦：「火照天門，必當吐血。」 搖鞭賦：「天門見火翁嗽死。」	又稱火燒天門，主出逆子，子女不孝忤逆，又主腦病、血病、吐血。
七、九	紫白訣：「七九合轍，常招回祿之災。」 飛星賦：「紫黃毒藥，鄰宮兌口休嘗。」	容易發生火災，食物中毒。
八、三	紫白訣：「四綠固號文昌，然八會四，而小口殞生；三八之逢更惡。」	又稱損小口，主兒童怪病，應驗在三歲前。小產、小兒疾病、意外。
八、四	玄空秘旨：「山風值而泉石膏肓。」	男女不合，不利姻緣、離婚，獨居，缺子女緣，有利宗教修行。

透過飛星的組合，我們可以做分析判斷，稱作憑星斷事。如同幫住宅算命一樣，除了要考慮飛星組合外，還要考慮到是否當令的問題，同樣一組飛星組合，在當令時判斷為吉，在失令時要判斷為凶，這是憑星斷事的關鍵秘訣。

另外也要考慮外巒頭的問題，飛星組合雖然不吉，但外巒頭吉，室內格局也佳，就不會發凶。飛星組合雖吉，但外巒頭或室內格局不佳，也是不吉。

在本書中，僅將玄空飛星的重點部分介紹給讀者，讓讀者有個概念，有興趣的讀者，可再找相關書籍深入。

以下對憑星斷事舉簡單例子說明。如果要挑選房子的話，先依照第陸篇、《座向判斷篇》，找出住宅的座向及主要的納氣口後，再來結合飛星的組合做判斷。

假設依照座向判斷，大門的位置是位在主要道路旁，就以大門為宅向，接下來就看大門的飛星組合。如果依照座向判斷法，應以最大的採光面為向，就要看最大採光面的飛星組合。

以下舉座向判斷後以大門為向做例子。大門的飛星組合如果不佳者，建議不用考慮。譬如說大門是飛星 23 的組合，代表鬥牛煞。《紫白訣》提到：「鬥牛煞起惹官刑。」代表容易會有官非、口舌是非、母與長子不合…等事發生。

大門是飛星 24 的組合，《玄空秘旨》提到：「風行地而硬直難當，室有欺姑之婦。」、《秘本》：「二逢四，咎當主母。」都是指容易有婆媳不合，或母親與長女不合的情況發生。

大門是飛星 69 的組合，《玄空秘旨》：「火燒天而張牙相鬥，家生罵父之兒。」、《玄機賦》：「火照天門，必當吐血。」、《搖鞭賦》：「天門見火翁嗽死。」住進有這種理氣的房子，屋主可能會有肺部或腦部疾病，甚至有孩子忤逆，發生父子失和之事，這樣子的房宅，基本上也都不考慮。

前面已經提到，在憑星斷事時，會不會應驗，必須要參照外巒頭，就如同四一同宮，會不會發生四蕩一淫，要看外巒頭的情況。也就是外在格局好不好很重要，若巒頭秀美，窗外風景好山好水，就不會發凶，若窮山惡水，就會發凶。如果理氣雖然是旺山旺向，但卻是開門碰壁的格局，也是不吉。

因此憑星斷事除了要根據飛星組合是否當令，以判斷吉凶外，另外與內外格局的美醜，也有很大的關係。而且也要掌握以巒頭為主、理氣為輔的大原則。

飛星組合對宮位的影響，不但直接影響到該宮位的理氣，或住在該宮位的人，也會影響到與該宮位相應的家中成員。譬如震宮出現飛星 23 組合的鬥牛煞，除了住在該宮位人員，會容易出現口舌是非的情形。另外，因為震宮對應到家中的長子，就算是長子不住在震宮，也會容易出現一些口舌是非的爭端。

九、南半球的九宮飛星運用

有關南半球使用玄空飛星的問題，請參閱第伍篇、《風水爭議篇》第十四節、《南半球陽宅方位的定位》的說明，關於南半球陽宅方位定位的方法，與北半球是完全一樣的。因為看風水是運用羅盤中屬於磁北的地盤二十四山，來定座向方位的，而南北半球的磁北，都是一樣的。

因此不管在南北半球，使用羅盤的方式一樣，方位也一樣，不用南北顛倒看。有些人可能會想，就算如此的話，那麼原本按照洛書飛行軌跡的九星飛泊法，是否也有南北半球的不同？筆者認為，飛星的飛泊，是屬於天體運行的事，跟地理無關。南北半球的飛星飛泊法都是一樣的。

玖

流年飛星篇

玖、流年飛星篇

一、如何計算流年飛星

上一篇我們已經了解到不同元運所建造的房子，要依照不同元運入中宮後，再推算出山星和向星的順飛逆飛，就可以得知該房宅的飛星盤。這是屬於該房宅固定不變的飛星盤，就如同人的八字是不變的。但是大運會變，流年會變。

在這一篇中，我們就要來學習流年飛星的變法。流年飛星每年都會變，也就是說房宅在每個方位的流年運勢，都絕對和去年不同。只要確定了那個飛星飛入中宮，我們就可以通過九星飛泊順飛的軌跡，得出九宮流年飛星的方位。

要推算每年的九宮飛星位置，只需確定每年那顆飛星入中宮即可。

每年是由那顆飛星入中宮，可以由公式求得，在諸多不同的計算公式中，筆者認為以下的公式最簡單：

以 11 減掉西元年份相加數，所得之餘數，為該年入中宮的飛星數字。如果年份相加大於 11，則將所得之和的十位數字和個位數字相加，再用 11 去減，所得之餘數，為入中宮的飛星數字。若餘數為 0，則以九紫星入中宮。

舉例說明：

1950 年，1+9+5+0=15，大於 11，將十位數字和個位數字相加，1+5=6，11-6=5，也就是在 1950 年時，流年五黃星入中宮。

1955 年，1+9+5+5=20，將十位數字和個位數字相加 2+0=2，11-2=9，也就是在 1955 年時，九紫星入中宮。

又如 2020 年，2+0+2+0=4，11-4=7，也就是七赤星入中宮。2021 年，2+0+2+1=5，11-5=6，也就是六白星入中宮，以此類推。

以下提供筆者整理的九宮飛星流年方位圖表，供讀者快速檢索。

九宮飛星流年方位圖表

2020、2029、2038		
六白金	二黑土	四綠木
五黃土	七赤金	九紫火
一白水	三碧木	八白土

2021、2030、2039		
五黃土	一白水	三碧木
四綠木	六白金	八白土
九紫火	二黑土	七赤金

2022、2031、2040		
四綠木	九紫火	二黑土
三碧木	五黃土	七赤金
八白土	一白水	六白金

2023、2032、2041		
三碧木	八白土	一白水
二黑土	四綠木	六白金
七赤金	九紫火	五黃土

2024、2033、2042		
二黑土	七赤金	九紫火
一白水	三碧木	五黃土
六白金	八白土	四綠木

2025、2034、2043		
一白水	六白金	八白土
九紫火	二黑土	四綠木
五黃土	七赤金	三碧木

2026、2035、2044		
九紫火	五黃土	七赤金
八白土	一白水	三碧木
四綠木	六白金	二黑土

2027、2036、2045		
八白土	四綠木	六白金
七赤金	九紫火	二黑土
三碧木	五黃土	一白水

2028、2037、2046		
七赤金	三碧木	五黃土
六白金	八白土	一白水
二黑土	四綠木	九紫火

二、對流年凶煞飛星的化洩

九宮飛星按照飛泊順序，落入家中不同的方位，依其吉凶而產生不同的交互作用。飛星的位置也是隨時變化的，每年、每月、每日、每時都不同，但實際上，流年的九宮飛星位置的效力是最強的。其它的流月、流日、流時的效力非常弱，可以不計。因此我們只要把重點放在每年的九宮飛星飛泊的位置即可。以實際而言，也不太可能每個月都做一次風水的調整。

在目前的八運中，二黑星和五黃星是兩大凶星，合稱「二黑五黃煞」。對照以上九宮飛星流年方位圖表，以 2024 年為例，二黑星這顆屬於一級煞星的病符星，會飛入東南方的巽宮，從方位上講，代表對家中長女不利，或對家人的膽、大腿等器官部位的健康不利。

二黑星屬土，而東南方巽宮屬木，雖然從五行上來說，木可以剋土，但因流年飛星的影響，凌駕在方位五行之上。因此，以方位五行去剋流年飛星五行，是難以剋制的。對於凶煞飛星的化解法，在五行上應採取「洩」法，因為土生金，要以金來洩土煞，可在流年二黑位，放一串六銅錢或現代通行的六個銅幣，或其他金屬用品，取銅錢、銅幣及金屬用品的金屬性，來化洩二黑煞。

這種放六個銅錢或現代銅幣的方式，一樣可以化五黃煞這個一級煞星，因為五黃星同樣也屬土。另外，化解二黑五黃煞，還要注意的是，在流年二黑五黃位上，不能有五行屬火的物品。在凶煞方位，要盡量安靜，不要有過多的電子產品，會發出聲響或震動，因為聲響震動會鼓動煞氣。

另外讀者要注意的是，如果在流年的二黑五黃方位上，有紫水晶洞、充電器或紅色物品等火象屬性物品，火生土，即使有金去洩，也是無法化解的。因為火象物品會一直給土補充能量，也就是不斷增加二黑五黃的土煞凶性，因此就算是放金屬洩氣物，效果也會不佳。

有些人可能會喜歡在進門四十五度角的象徵明財位處，擺上茶壺，來象徵福，或擺上黃水晶招偏財，或擺上大的紫水晶洞當財山，或是鹽燈…等物品。但如果當流年飛星二黑和五黃的這兩顆屬土的一級凶煞之星，剛好飛到此處，又擺上屬火的紫水晶洞、鹽燈，或屬土的黃水晶、茶壺之類的物品，反而會導致火生土或土土相生，增旺了二黑的病符之氣，及五黃的煞氣。恐會影響健康及意外血光破財…等衰事連連。

有一些坊間說法，提及在象徵明財位上，擺放一些招財物，就能招財，但若不懂理氣，有時反而會招來厄運。一切都需以五行的生剋為考量，而不是說因為進門四十五度角是象徵明財位，什麼招財物品都可以擺放。

在本書第肆篇、《風水調理篇》的第三十四節、《五帝錢和六帝錢的問題》中，筆者提到了在風水上，用六帝錢化二黑五黃煞的說法。

在風水上要化二黑、五黃等流年方位的煞氣，有些風水師會採用六帝錢，原因是因為二黑、五黃的五行屬土，用六帝錢的金性去洩土的力量。數字五在洛書的五行中屬土，數字六在洛書的五行中屬金，因此要化二黑、五黃屬土的煞氣，宜採用六帝錢而不是五帝錢。正確地說，是藉著六個仿古的銅片，來洩土過多的能量。但風水師相信它有效，它就產生了效力。其實有效的原因，除了心理因素外，主因就是金屬銅片屬金，金能洩土。我們也可以用六個現代銅幣來作化解，效果也相同。

三、對流年吉慶飛星的增旺

對凶煞之星需要用洩法去化煞，而對於吉星，就要去增旺它的能量。以目前在八運中，八白星、九紫星和一白星都是吉星，都可以透過增旺之法，來啟動激發它們的能量。八白星當令，八白星屬土，所以在八白星的位置，擺放土象屬性的物品可以旺財。比如聚寶盆、黃水晶、紫砂壺等，因為土土相生。也可以擺火象物品，如紅地墊、火爐…等，因為火能生土的緣故。

吉位要盡量鼓動其能量，如八運時，在八白土星及九紫火星的流年方位，可以用鹽燈啟動八白土星和九紫火星的能量，因為鹽燈有火的意象及動能，而且鹽燈的鹽屬土，火生土，有利於八白土星的財運。一白水星的流年方位，也是屬於未來的吉星和財星，可以用會產生動能的水缸，或者是流水盆來啟動能量，這也是一個催旺財祿很好的方法，因為山管人丁水管財的緣故。採用動態物品，會比擺放靜態物品的效果好。

但是要注意避開二黑和五黃位，否則容易財多傷身。也就是流年八白星飛到的方位，如果原本該方位的山星是二黑或五黃的話，就不要再增旺流年八白星或九紫星了。因為八白星屬土，二黑、五黃也屬土。增旺了流年八白星或九紫星，同時也增旺了二黑五黃的凶性，導致的結果，稱作財多身子弱。因為在旺財的同時，也增加了二黑五黃凶煞之星的能量，所以雖然賺了錢，但也傷了身體，財富和健康不可兼得。

另外，不要在流年八白星的位置上放置木象物品，如大型植物、原木製品…等。更不可以放置金象的物品，因木剋土、金洩土。把八白土的旺氣剋洩了，當然就會損丁損財了。

此外，九紫星為桃花星，是未來星，也是吉星，五行屬火。如果想旺桃花，可在流年九紫星的位置，擺上紅顏色的花朵，如火鶴花，可以起到旺桃花運的作用。

但要注意的是，進行風水布局時，也不能忽視對其他人的影響。也許對你是有利的，但對於其他家人則是有害的，尤其在催桃花的布局上更要注意。想找對象，要旺自己的桃花，就要到自己的房間布局，而不是在客廳布局，不然說不定就旺到家中其他成員的爛桃花。需將流年飛星的大太極，套到自己的房間內，依照流年九紫星的方位布局即可。

四、先化煞再招財，化煞重於招財

在風水上的布局，不但要掌握「兩利相權取其重，兩害相權取其輕」的原則，也要掌握先化煞再招財，化煞重於招財的原則。否則就算是擁有全世界而失去健康或生命，也是划不來。

當流年凶煞之星與宅飛星盤的山星向星衝突時，該如何布局呢？

用以下 1976 年所建的房子座向壬山丙向，大門位於震宮的例子來說明。1976 年屬於六運，首先依照本書前面介紹的方法排出飛星盤，得到震宮的飛星為 48 的組合，向星是當令的財星 8。在八運中可吸納旺氣，但在 2020 年時，流年七赤星入中宮，五黃星飛到震宮大門的位置，又要如何布局呢？

丙↑

39 ⑥ 五	75 ② 一	57 ④ 三
48 ⑤ 震宮四　大門	21 ⑦ 六	93 ⑨ 八
84 ① 九	66 ③ 二	12 ⑧ 七

壬

以流年飛星而言，在 2020 年時，七赤金星飛入中宮，因此震宮的流年飛星為五黃星，屬於凶星到位。在這樣的情形中，震宮可說是吉凶參半，屬於向星吉，流年星凶的格局。基本的處理方式，需以化煞避凶為主，在震宮掛上六銅錢，或是其他金屬用品，以洩法處理。盡量減少由這個正門出入，改由其他門出入。避免催動五黃煞氣，煞方宜靜不宜動。

所以在 2020 這一年中，財運肯定受影響。因此重點要放在流年財位加強財運，八白土星飛到的西北方乾宮，以及九紫火星飛到的兌宮可做補救。

要注意的是，如果該宮位原本就是很好的內外格局，擺設也合理得宜。當煞星飛臨該方位時，只需要化煞，而不是更動格局，去移動辦公桌椅或床鋪等家具。

五、流年的財位布局

在本書第肆篇、《風水調理篇》第一節中，已經提到了流年財位的找法。在本節的重點，則強調流年財位的應用部分。

流年財位是以每一個元運的當旺星來看，在八運時，八白星當令。也就是在 2004-2023 年這 20 年間，每年的流年八白星飛到的方位，就是流年財位。而 2024-2043 年之間，就到了九運，這 20 年間，凡是流年九紫火星飛到的方位，就是當年的流年財位。

在九紫火星之後的一白星，是屬於未來下個元運會當旺之星，也是吉星。因此一白星的位置也可以布局，適合有長期投資理財規劃的讀者。

風水上的說法，一白星、六白星和八白星是三大吉星，稱作「三吉之輔」。在八運時，八白星和一白星都是吉星。而六白星已經退運了，所以無需在六白星上做催財的布局。

在本篇第一節中，已經為讀者整理出九宮飛星流年方位圖表，檢索起來極為方便。在 2020-2023 年之間，只要找到八白星，就是當年的流年財位。在 2024-2043 年之間，只要找到九紫星，就是當年的流年財位。方位以九年為一個循環，以此類推。

以 2020 年為例，七赤金星入中宮，如下圖。八白土星在西北方，因此西北方是流年財位。在家中的西北方可作財位的重點布局，其餘流年以此類推。

東南-六白金	南方-二黑土	西南-四綠木
東方-五黃土	中宮-七赤金	西方-九紫火
東北-一白水	北方-三碧木	西北-八白土

流年財位簡表

西元年	流年財位方位	西元年	流年財位方位
2020	西北（八白星）	2028	西北（九紫星）
2021	西方（八白星）	2029	西方（九紫星）
2022	東北（八白星）	2030	東北（九紫星）
2023	南方（八白星）	2031	南方（九紫星）
2024	西南（九紫星）	2032	北方（九紫星）
2025	東方（九紫星）	2033	西南（九紫星）
2026	東南（九紫星）	2034	東方（九紫星）
2027	中宮（九紫星）	2035	東南（九紫星）

在八運時，八白星當令，由於八白星是土星，因此在流年八白星的位置，擺放與土相關的物品，如陶做的聚寶盆、茶壺、黃色水晶…等土象物品都可以，代表土土相生。或者是火象物品，如小香爐、紫水晶，取火生土之意。擺設鹽燈更佳，因為鹽燈有火的意象和動能，鹽又屬土，火會生土。但不要擺金屬物品，因為金會洩土。有些人可能會說放五帝錢可以招財，但五帝錢是屬金，放在八白星的流年方位，反而是洩了旺星之氣，不可不慎。一切都以五行做生剋考量。不懂理氣亂擺放，招財不成反漏財。

陶製的聚寶盆，是土象物品

到了 2024-2043 年，九紫火星當運 20 年，凡是九紫火星飛到的宮位，就是最旺的財位。擺放與火相關之物品，如小香爐、紫水晶，代表火火相生。或者是木象物品，如原木雕刻，取木生火之意。在這個時期，流年九紫火星的宮位，千萬不能再擺土象物品，如陶製的聚寶盆、茶壺、黃色水晶⋯等土象物品，因為土會洩火。風水的調理，重點在五行的生剋關係。

筆者認為流年飛星的力量極為強大，善用流年飛星飛到的位置，進行適當布局，就能夠收到較快且較理想的效果。

以上是單純針對流年飛星，而不管房宅的飛星盤，但如果再搭配飛星盤來看的話，有些房宅的飛星盤中，有更加旺財的格局。如《玄空秘旨》有一句很有名的話：「富並陶朱，斷是堅金遇土。」陶朱，是指春秋時代的陶朱公范蠡，善於經商成巨富的典故，後代許多生意人供奉范蠡的塑像，尊奉為財神，也被尊稱為「商聖」。《玄空秘旨》：「富並陶朱，斷是堅金遇土。」這一段話說的是如果有 62、72 或 68、78 的宮位組合，可以像陶朱公一樣富有。

為什麼是62、72或68、78的宮位組合，因為「堅金遇土」的意思，就是金遇到了土的組合。金有六乾金和七赤金兩種可能，土有二黑土和八白土兩種可能。因此 62、72 或 68、78 的宮位組合都有可能，但斷定能不能富有的關鍵秘訣處，在於飛星的當運不當運。以現在八運而言，二黑星是退運星，所以不用考慮62、72的組合，因此只有68或78的組合。8要在向星的位置，才會富有，因為山管人丁水管財的緣故。

除了在飛星盤同一個宮位中，出現了山星向星 68 的組合，可以旺財外。若原本宮位的山星或向星為 6，再加上流年飛星 8 飛入，也會形成 68 同宮的組合，再配合上好的巒頭，在該年就有機會大旺財。以八運乾山巽向的屋宅為例，如下圖：

巽↖

18 七	53 三	31 五
29 六	97 八	75 一
64 二	42 四	86 九

乾

這是一間在理氣上到山到向的旺宅，因此只要經常從大門出入，就可以啟動房宅的財運。向星 8 的方位，如果能見到清澈乾淨的水，或是有開闊的明堂，就正好合局，可帶來極好的財運。

2020 年流年飛星 7 赤金入中宮，和原本屋宅的飛星盤組合如下，可在西北方的乾宮做財位布局。

巽↖

18⑥ 七	53② 三	31④ 五
29⑤ 六	97⑦ 八	75⑨ 一
64① 二	42③ 四	86⑧ 九－乾宮

乾

西北方乾宮中的向星6和流年飛星的8組合，也是68的組合，加上外巒頭秀美的話，可以帶來極好的財運。這是由於「富並陶朱，斷是堅金遇土。」的緣故。又如2022年流年飛星五黃星飛入中宮，和原本屋宅的飛星盤組合如下，東北方艮宮山星6和流年飛星8，也會形成68同宮。

巽↖

18④ 七	53⑨ 三	31② 五
29③ 六	97⑤ 八	75⑦ 一
64⑧ 二－艮宮	42① 四	86⑥ 九

乾

六、流年的文昌位布局

在本書第肆篇、《風水調理篇》第二節中，已經有提到文昌位的找法，筆者已經特別強調要找一白星，而不是退運的四綠星，以避免有「四蕩一淫」的狀況發生。

在這裡，我們要深入流年文昌位的應用及注意事項。

流年飛星每九年循環一次，推算方法在本篇第一節已有說明。筆者以下列出圖表，以幫助讀者快速檢索。

流年文昌位是不管屋子的座向問題，所以不用管坎宅、坤宅等問題，只要會拿羅盤或指南針，測量出家中的八個基本方位即可。

可對照本篇第一節的九宮飛星流年方位圖表，找到一白水星的方位，即是文昌位。或對照下面流年文昌位即可。

流年文昌位（一白星的方位）

西元年	流年文昌位	西元年	流年文昌位
2020	東北	2029	東北
2021	南方	2030	南方
2022	北方	2031	北方
2023	西南	2032	西南
2024	東方	2033	東方
2025	東南	2034	東南
2026	中宮	2035	中宮
2027	西北	2036	西北
2028	西方	2037	西方

之後的年份九年一個循環，以此類推即可。

以 2021 年為例，流年飛星一白水星飛到南方。書房可移到南方，以興旺文昌，有利於考運、讀書運。但如果南方不是書房或房間，而是客廳、餐廳，視實際的情況，也可以在該處讀書。可是如果在該處讀書學習會被干擾，就在個人書房的南方放書桌，或房間的南方放床也是可以。但還是要看是否有符合合理擺設的原則。記得一定要把握巒頭為主、理氣為輔的原則。

另外，可在該方位放置一盆水缸或流水盆，去搭配一白水星，啟動文昌位的能量，但流水盆要注意水流流向，記得要朝向屋內。但不要在臥室內擺放流水盆，以免潮溼及影響睡眠。

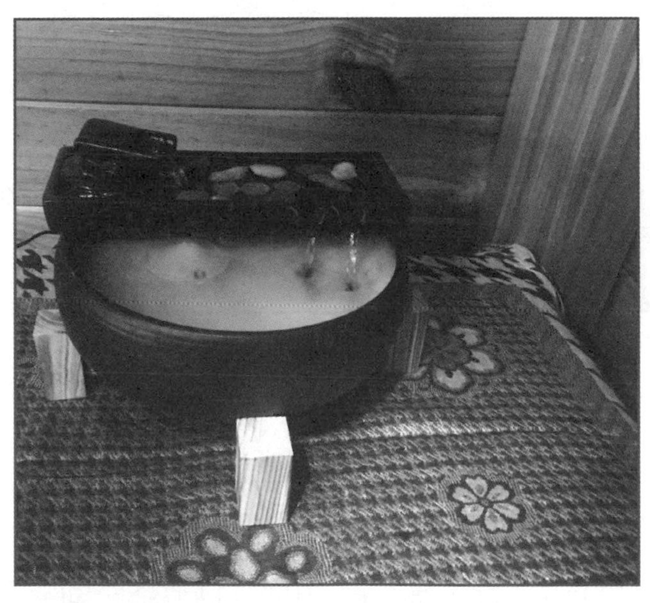

若是在 2021 年，流年飛星一白星飛到南方時。南方剛好是家中的廁所，那就稱作「汙穢文昌」，對當年家中所有成員的考運、讀書效率十分不利。必須在廁所馬桶上方，擺放土種黃金葛，且黃金葛要綁上紅緞帶，以轉陰為陽，再加上鹵素燈投射黃金葛上來作化解。藉由植物的光合作用，淨化空氣和磁場。

在進行文昌位布局時，讀者也要分析流年一白水星，與原宮位山星及向星所產生的交互影響。

此外，要盡量避免有四一同宮的狀況發生，四一同宮的房間，盡量當作非主要使用的空間，如客房、娛樂室…等。

以八運艮山坤向的屋宅為例，2019 年，流年 8 白星入中宮：

↗坤

14 ⑦ 七 巽宮	69 ③ 三	82 ⑤ 五
93 ⑥ 六	25 ⑧ 八	47 ① 一 兌宮
58 ② 二	71 ④ 四 坎宮	36 ⑨ 九

艮

在 2019 年中，除了原本巽宮中的 14 同宮外。北方的坎宮，因為流年四綠星飛入，也產生 14 同宮。西方的兌宮因為流年一白星飛入，也出現了 14 同宮的組合，等於一間房子出現了三個可能會發生「四蕩一淫」的方位。巽宮的方位，在洛書方位中對應長女。坎宮的方位，在洛書方位中對應中男。兌宮的方位，在洛書方位中對應少女。

因此如果正好家中長女住在東南巽宮的方位，男孩住在北方坎宮的方位，少女住在西方兌宮的方位，就更容易會有不良影響，要特別注意這些房間的對外窗，有沒有看到醜惡巒頭的外煞，如果有的話，一定要進行化解，否則就會產生「四蕩一淫」的危害。

七、流年三煞方

流年三煞：在風水上，有一個名詞稱作「流年三煞」，是指劫煞、災煞、歲煞。這種煞氣每年都會有所變動，不是固定的，但有固定的公式可循。如果住宅的大門口，位於該年「三煞」的方位，就是屬於犯到流年三煞，這種煞氣會導致家人容易有受傷或患病等較嚴重的問題。如果犯到三煞方，而且剛好又遇到流年二黑星、五黃星飛到該方位，或是該方位有動土的狀況，那就是雪上加霜，影響會更嚴重。

流年三煞方位：

猴、鼠、龍之年，三煞在南方。（地支申、子、辰年）

虎、馬、狗之年，三煞在北方。（地支寅、午、戌年）

豬、兔、羊之年，三煞在西方。（地支亥、卯、未年）

蛇、雞、牛之年，三煞在東方。（地支巳、酉、丑年）

簡易記憶法：以三合組合中間的地支方位記憶，猴、鼠、龍年，也就是地支年到了申、子、辰年，中間的子在十二地支方位中的北方，與北方對沖的方位就是三煞方。

簡單說就是遇到猴、鼠、龍年的這一個組合中，鼠的地支方位是北方，北方的對面就是南方。因此這一組三合組合的三煞方都是南方。也就是遇到猴年、鼠年、龍年的三煞方都是南方。

同理，第二個組合虎、馬、狗之年，只需看馬的地支方位，馬的地支方位在南方，因此北方就是三煞方。

其餘兩組以此類推。

以猴、鼠、龍之年為例，三煞的方位在南方。但如果家中的南方是牆壁，或平時很少使用到的空間，則問題不大。

如果遇到流年三煞方，剛好到了大門的方位，就犯了流年三煞。需要對三煞方進行祈福觀想淨化，平日多淨化自己的心念，多行善事，累積福德，以減輕這類生命中所面臨到的劫數。

八、流年歲破方

民俗上提到一個「太歲」的名詞，認為若在此處動土，會產生災難，因此才有「不要在太歲頭上動土」的說法。

以陽宅學而言，太歲方是每年變動的，位置位於每年地支的方位，譬如今年是庚子年，太歲方位就在子位，也就是北方。而「太歲可坐不可向」，也就是位於太歲方的方位沒事，但在太歲方正對面的方位犯煞。所以以 2020 庚子年而言，太歲在北方，太歲的正對面，稱作「歲破方」就要注意，也就是南方。

如果在歲破方動土、修造的話，就是「犯歲破」。犯歲破就是犯土煞。古人強調「不要在太歲頭上動土」，也就是說在歲破方動土就犯土煞了。既然是犯土煞，就代表土的能量太過，就要用金來洩。因此可以在該歲破方，掛上銅鈴或金屬製品來化解。

與生肖年對應的太歲方、歲破方與三煞方的對照表

生肖年	太歲方（農曆年地支的方位）此方沒事	歲破方在太歲方的對面，不宜動土	以時鐘方位來看歲破方，以子方為6點	三煞方
鼠年	子方	午方	12點	南方
牛年	丑方	未方	1點	東方
虎年	寅方	申方	2點	北方
兔年	卯方	酉方	3點	西方
龍年	辰方	戌方	4點	南方
蛇年	巳方	亥方	5點	東方
馬年	午方	子方	6點	北方
羊年	未方	丑方	7點	西方
猴年	申方	寅方	8點	南方
雞年	酉方	卯方	9點	東方
狗年	戌方	辰方	10點	北方
豬年	亥方	巳方	11點	西方

太歲方也就是當年地支的方位，如2020是庚子年，庚是天干，子是地支，因此太歲方就是在子方，子方就是在北方。

太歲方在陽宅風水中不會產生凶災，因此我們無須擔心，也不用特別記方位。

要注意的是與太歲方相對的歲破方。筆者為了方便讀者記憶起見，在歲破方旁，用時鐘的時針方向，來幫助檢索。以子方也就是正北方是6點為基準的方式來看，也就是6點

為正北方來看。舉例而言，如果到了牛年，歲破方就在 1 點鐘方向，如果到了羊年，歲破方就在 7 點鐘方向，其餘以此類推。

用時鐘 12 個數字，來幫助歲破方的記憶

九、流年交替的布局

有關風水流年的交替問題，筆者在第伍篇、《風水爭議篇》的第十三節、《風水流年的交替》中，也有提供風水界的兩種看法，以供讀者參考。

筆者個人採用的是一般較通用的用法，以立春為界。

二十四節氣為立春、雨水、驚蟄、春分、清明、穀雨、立夏、小滿、芒種、夏至、小暑、大暑、立秋、處暑、白露、秋分、寒露、霜降、立冬、小雪、大雪、冬至、小寒、大寒。

每年的立春，大約是在國曆的二月三日到五日之間，可參閱農民曆，或上網查詢。

譬如2020年七赤星入中宮，但到了2021年的立春之後，就要以六白星入中宮去計算。必須要根據新的飛星所飛入的宮位，做新的五行生剋的調整。

以下筆者舉的例子，僅基本簡單考慮流年飛星的布局，未包含房子本身飛星盤山星、向星的考量，也不考慮大門的方向，只是提供一個基本簡單的思考方向給讀者作參考，讀者需要自行斟酌使用。

以2020年的流年飛星7入中宮為例：

東南巽	6	南方離	2	西南坤	4
東方震	5	中宮	7	西方兑	9
東北艮	1	北方坎	3	西北乾	8

在西北方乾宮，可做催財、招財的布局，以火象、土象物品為主。在西方兌宮，可以用木象火象物品，啟動九紫星的吉慶能量。在南方及東方的二黑五黃，就要用金屬物品化煞。而在東北方的艮宮，可以做文昌位的布局。

到了2021年的流年飛星6入中宮時，佈局必須有所調整，不能和2020年相同。

東南巽　5	南方離　1	西南坤　3
東方震　4	中宮　6	西方兑　8
東北艮　9	北方坎　2	西北乾　7

在西方兌宮，可做催財、招財的布局，以火象、土象物品為主。在東北方的艮宮，可以用木象火象物品，啟動九紫星的吉慶能量。在北方及東南方的二黑五黃，就要用金屬物品化煞。而在南方的離宮，可以做文昌位的布局。

十、缺乏建造年的房子，也可以計算流年飛星

飛星之法需要房子的建造年，最起碼要知道是在那個元運建造，但如果連建造年都不知道，是否還是可以布局呢？

缺乏建造年的房子，還是可以做流年飛星的布局。只知道座向方位，也可以做流年財位、文昌位的布局，並對二黑五黃的流年凶煞星進行化煞。但因為缺少元運，不能計算飛星盤中山星向星的組合，因此無法更精確地來看這間房子的吉凶，也無法憑星斷事。

拾

風水實戰篇

拾、風水實戰篇

當進行風水檢測時，必須要掌握重點分析處理，否則每一點都認為很重要的話，反而會失焦。雖說七分巒頭，三分理氣，但理氣的部分也是要計算清楚。計算理氣之前，先以本書的座向判斷法，確認房宅的坐山和向山。

以下步驟是筆者個人的體會，提出來僅供讀者參考，可做為檢測陽宅居家風水時的操作程序，按照步驟程序操作，才不會有所疏漏。

因各派的堪輿重點不同，法門不同，所以僅供參考。對一般風水初學者，可以藉由這個操作程序，勘察一下家中的風水。但對於一些較深入分析理氣的步驟，譬如第 9 點確認玄空飛星盤上，是否有到山到向、上山下水、伏吟反吟、替卦、空亡卦、父母三般卦、連珠三般卦…等理氣格局。讀者可先不管這些部分，先掌握基本必須要了解的部分即可。有興趣多研究理氣的讀者，可以再自行深入研究。

第二部分，是筆者給委託人的作業，如同筆者給患者自我鍛鍊的作業一樣。當事人願意用心配合，效果就越好。

當然，站在傳統的風水立場上，這些家庭作業包括觀想、禱告，都不是真正傳統意義上的風水內涵，而是偏向心理、心靈或宗教的層面。但人要學習虔敬、淨化自己，以正念提升周遭的磁場，用心配合風水師的調理，而不是把所有責任都推給風水師。

一、風水操作守則

1. 受委託人請託檢視風水時，要知道委託人的房宅建造於那一年，以利之後玄空飛星的計算。

2. 知道委託人的住址後，先用谷歌地圖 (Google Map) 查看委託人家外面的大環境，山巒、河道、大樓的分布狀況，初步檢視有無河流道路反弓、沖射的煞氣。

3. 情況許可的話，先取得委託人屋宅的平面設計圖。初步判斷家中的煞氣，是否有穿堂風、門對門或門互切、灶包廁 (廚房內有廁所)、缺角及凸角 (不同方位的缺角，影響家中相應的成員)…等煞氣問題。以及了解大門、廚房、廁所、樓梯、樑柱及房間的分布位置…等。

4. 抵達地點後，先在房宅外走一圈，依照本書第陸篇、《座向判斷篇》的操作法則，來判斷屋宅的座向。

5. 察看屋外環境，記錄所看到的風水問題。首先用四靈山訣判斷四周環境，是否有符合左青龍、右白虎、前朱雀、後玄武的比例原則。山水是否是有情山水，水的走向如何。有無嫌惡設施(公墓、垃圾場…等)。記錄外煞的狀況，有些外煞要包括外煞顏色的記錄，如紅色或黑色的屋脊煞、尖角煞等等，因為不同顏色所引發的問題不同，煞氣遠近、輕重程度需要記錄，煞氣所對的房間也要記錄。另外記錄周邊是否有臭味的味煞，及噪音的音煞。

6. 向委託人解釋完外煞之後，講解如何應對之法。進行分析左青龍、右白虎、前朱雀、後玄武的地勢，此種外格局如何影響家運及家人的身心狀況。以及透過道路河流的分布，分析納財的狀況；以玄武的山勢，分析貴人運的狀況；以朱雀的格局，分析明堂事業遠景的發展。並說明外煞的顏色和方位對家中成員的影響，以及影響身體所對應的臟器。

7. 根據所判斷的宅向，以羅盤量測方位，確認房宅的坐山和向山。

8. 根據所量測的坐山向山，結合房宅元運，進行玄空飛星的計算。重點標示大門或主要納氣口山星和向星的組合，是否在旺氣的方位。分析廚房與各房間的飛星組合，理氣的吉凶如何，這是屬於大太極的部分。若門、主、灶，並非位於吉星吉位，要進行五行化煞布局。

9. 確認玄空飛星盤上，是否有到山到向、上山下水、伏吟反吟、替卦、空亡卦、父母三般卦、連珠三般卦…等理氣格局。

10. 以大太極的飛星組合，套入每個房間的小太極中，也就是將住宅的飛星盤，套入每個房間。重點在房門及床位的飛星組合，藉以判斷理氣的吉凶。檢視房門、書桌、床是否在吉位上。當巒頭和理氣有衝突時，大原則還是以巒頭為主，理氣為輔，也就是以合理性的擺設為主。

11. 觀察屋內的各種煞氣狀況，是格局問題，還是擺設不當所造成。如樑壓主沙發位、主沙發位後無靠、穿堂風(一開大門，見到整片都是落地窗的前陽台)、川堂風(一進大門後，同時見到多門)、壁癌、地板不平整、紫水晶洞擺在二黑五黃位…等問題。提出解決之道，並將煞氣問題拍照記錄。

12. 觀察是否有缺角房或凸角房的格局，再察看各個格局有無雜物橫生，而這些角落對應到那個方位，影響到家中那位成員，及身體健康的狀況。

13. 針對委託人的需求，進行財位、桃花位、文昌位的布局。

14. 針對重要的流年飛星，進行風水布局。

15. 找出五黃、二黑、三煞方、歲破方及任何動土方位，進行化解，對煞氣的方位進行祈福。並教導委託人對煞氣處，進行自我祈福、觀想淨化。平日也要多淨化自己的心念，多行善事，累積福德，以減輕這類生命中所面臨到的劫數。

16. 事後關心追蹤，了解委託人是否有按照指示進行調整，拍照回傳檢查，並詢問調整後的結果。做好記錄，按照委託人姓名進行檔案歸檔，以利後續問題的查驗。

二、給委託人的功課

1. 每個星期固定要清潔財位。

2. 如果有放置流水盆的話，每隔兩星期要固定換流水盆的水。

3. 如果有放置水晶之物，每個月至少做一次水晶的消磁淨化，再選擇吉日吉時祈福後，將水晶敬慎地放回。

4. 依照個人許可的時間，固定對招財化煞物或水晶觀想淨化。

5. 對於產生影響的煞方，如二黑、五黃方，除了在該方位以遮擋化鬥避的方式處理，如種福木，以植物擋煞及避免開煞方的門窗之外，每日也可做心念的觀想，根據所信仰的宗教，祈求上帝或是諸神聖靈的護佑。沒有宗教信仰的人，可觀想白光保護家宅以淨化磁場。形成一個如佛家所說的「結界」的概念，為我們形成一個防護罩。

簡短的祈禱文或者是咒語，每天唸九次，因為九是極陽之數。若是較長的，就唸三次。一邊唸一邊觀想，重點是專注。

專注說來容易，做起來卻有一定的難度，因為人的心念很難降伏。為何有修為的大師祈福有效，而凡夫眾生的祈福效果往往有限。因為真正進入修行法界的人，能在當下達到一心不亂的境界。而一般眾生總是心猿意馬、雜念叢生，念力不精純，當然心想事不成。

道教法師畫的化煞符咒要產生效果，在畫符咒時要相當專注才有效。為何要求一筆畫成、一氣呵成，強調的就是專注才能產生極大的心靈能量。建議委託人平日也可以透過練習打坐、氣功、寫書法，訓練自己的專注力。

信仰基督教的人士可唸以下祈禱文，但僅供參考，用最能與自己契應的禱告文，效果最佳。

上帝的光環繞我，

上帝的愛擁抱我。

上帝的大能保護我，

上帝的臨在照看我。

不管身在何處，

上帝與我同在。

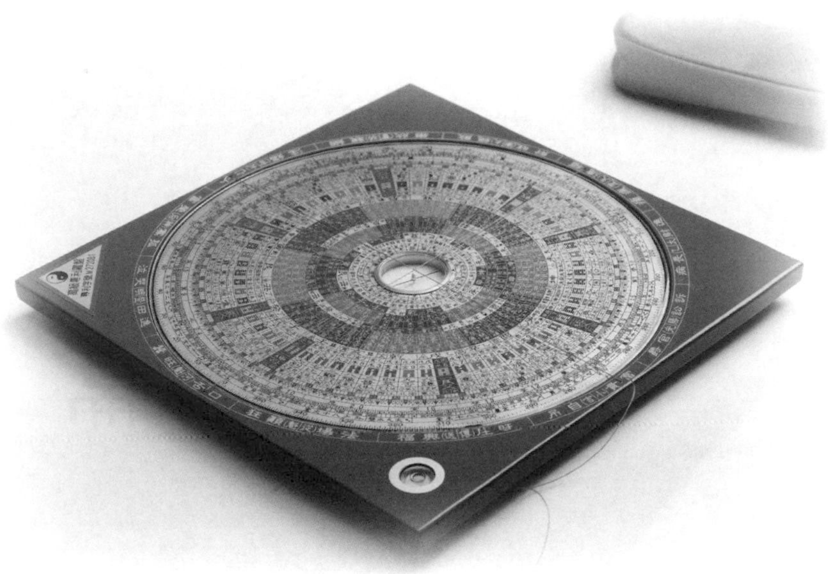

拾壹

境隨心轉篇

拾壹、境隨心轉篇

當遇到運勢差的時候，朋友親戚可能會建議，要檢測調整居家風水。雖然風水的調整，可以幫人趨吉避凶，招財化煞。但大部分的人都忽略了「福地福人居」，所謂的福地福人居，是指任何風水寶地福地，都是有福氣的人才能住得進去。換句話說，沒有福氣的人，是無法住進福地的。就算一時幸運住進風水寶地，也會因為無福消受而無法長久，甚至發生災殃。這就如同《易經》所說:「德不配位，必有災殃。」

透過風水來改變運勢，其中也包含了許多我們看不見的因素。簡單地說就是福報因緣，就如筆者的一位朋友，因為腦血栓到醫院做腦部手術，幸運地遇到一位正在全世界巡迴演講的頂尖腦科權威，剛好巡迴到那間醫院，就這麼剛好地為他動了手術，術後幾個小時，他就下床行走了。而他也看到幾位被其他醫師動手術的同房病人，復原情況就不太理想。這就是「先生緣，主人福」。

遇到德術兼備的風水師就是遇到貴人，也是人生中的福報因緣。不幸遇到不學無術，只想斂財的風水江湖術士，除了是識人不清外，也是命中犯小人。

在眾多專業風水師中，為何會選擇了某一位風水師來幫我們做風水堪輿，這難道不是因緣嗎？

但就算是遇到德術兼備的風水師之後，願不願意相信風水師的話，想不想做調整，這又是另外一回事了。就好像生了病，看了中醫，醫生給了藥，並交代了醫囑，吩咐患者要遵循的事項。結果患者藥也不吃，醫囑也不聽，煙照抽，酒照喝，每天熬夜又不運動，回來複診時跟醫生說，治療無效。這不是荒唐嗎？

同樣地遇到德術兼備的風水師，聽完建議後，自己仍然存疑，或聽了其他旁門左道的意見，又開始三心兩意，不願意做調整，最後不了了之。這只能說是因為福份不足，無福消受，有緣無份，無法真正改變運勢。

有些住宅原本的風水，受到外環境的影響，存在許多煞氣，造成前屋主運勢不利。賣掉房子後，接手的新屋主搬入不久，因為政府施工對整體環境做了景觀美化工程，煞氣消失了，自然就變成好風好水了，這就是個人的福報不同。

而有些人本來買房子前，住宅前面視野遼闊。結果花了幾百萬購買之後，屋前開始興建大樓，完全擋住景觀視野，變成開門撞壁的壞風水。這也是命中注定，福澤不足。

因此在調整風水的過程中，有沒有達到真正的效果，福報也是很重要的。平常心懷仁善，願意常常助人，廣積陰德，就算一時生活不順遂，時候到了，自然也能時來運轉。

在這裡說幾個風水故事，重點在其中的寓意啟示，讀者不用太較真故事的真實性及細節。

一、福地福人居

「此地不發，是無地理；此地若發，是無天理！」

這一句話的出處故事，有兩個不同的版本。

第一個故事講的是宋朝時的朱熹，他為官公正，斷案明白。但有一次被人蒙騙，起因是朱熹接到張、李兩家在爭一塊土地的所有權，雙方各執一詞，一時難以決斷。朱熹仔細翻閱張家所呈上來的狀紙，說到祖上的置產簿上，有一行記錄得很明白，說這塊地是在某年某月所購得，而且還在該地埋了一塊界石。朱熹就向張、李二人說：「張家的狀紙上提到，有塊界石埋在地下。今天我派衙役和你們一起到那塊地，把地掘開來看，如果沒有界石，土地歸於李家；如果有界石，則土地歸於張家。」

二人於是跟官府衙役一同到那塊土地查看，起初看不出有界石。但當掘到三尺之後，真的發現一塊界石，上面記載是張家的先祖所埋，上面刻的字有所憑據，於是衙役向朱熹回稟此事。朱熹以此為據，就將這塊土地判給了張家，李家也不敢再有爭議。張家自從官府的裁決後，就將他祖父埋葬在那塊風水寶地。自從埋葬之後，家道一直興旺。

朱熹離開這個任職後，隔了十幾年，因為某種原因，又重遊此地，見到一位老者，問老者說：「歷任官府那個官員最好？」老者說：「只有前任朱老爺最好。」朱熹說：「在判案中，有聽說冤枉之事嗎？」老者說：「事事都判決的很公正合理。只有一件，張、李兩家爭地的事，卻是判決錯誤的。」

朱熹說：「怎麼知道是判決錯誤？」老者說：「張家為奪李家的風水寶地，事先將一塊界石埋在地下，偽造了祖先的置產簿，上面記錄某地有石為記號。那知朱老爺吩咐衙役挖掘，看見有石頭，就將地判給了張家，李家有冤難伸。自從埋葬之後，張家果然家業日益興隆。看來做了虧心事，只要瞞過了官府，連上天也不會跟他計較了。」

聽完老者的話，朱熹心情沉重，默默地走到這塊墳地旁。仔細一看，見到山水秀美，果然是一塊風水寶地。心想：「以地理來論，此地風水自然會發達。只是天理上說不過去。」因此叫隨從取出隨身帶的筆硯，在墳牆上寫下十六個大字：「此地不發，是無地理；此地若發，是無天理！」

寫完就憤而離去。當晚風雨大作，一聲霹靂，將墳墓劈了一個大洞，棺木被甩出墳外，跌得粉碎。隔天，遠近觀看的好事者，看見牆上的十六個字議論紛紛，大家都懷疑字是雷公所寫。後經查證，才得知是朱熹後悔將這件案子判決錯誤，而在墳牆上題字。張家因墳墓突然遭到雷擊，嚇得不敢再葬於此地，家道也日漸中落。

另一個版本，是與秦檜和風水師賴布衣有關。

宋朝的秦檜，以他的權勢威脅逼迫風水大師賴布衣，替他尋找一個能成為王侯的風水寶地，用來遷葬祖墳。賴布衣雖知秦檜為人險惡，但為了家人安全，迫於無奈，只能幫秦檜找到一塊風水寶地。臨走前悲憤地在風水寶地前說：「此地不發，是無地理；此地若發，是無天理！」。

秦檜將祖墳遷葬到這個風水寶地後，果然飛黃騰達，官至宰相。然而有一天晚上，突然狂風暴雨、電閃雷鳴，因此造成山川移位。原來的福地，一夕之間變成了抄家滅族的凶地，終究應驗了賴布衣所說的「此地若發，是無天理！」。

以上兩個故事，不管是從那一個故事來看，我們都可以體會到，當朱熹或賴布衣說出「此地不發，是無地理；此地若發，是無天理！」這樣一段話時，他們心中肯定是憤懣不平的，地理風水這麼好，怎麼可能會不發達；但這等惡人若叫他們發達，那還有沒有天理公道。但終究天道好還，報應不爽。地理該發的要發，以證明地道風水之真；但善惡終須有報，以彰顯天理之明。福地是給福人居住或埋葬祖先的，不是福人也居不了、葬不了。

二、福人居福地

接著說兩個風水故事，是告訴我們福人居福地的道理。

有一位風水師跋山涉水為人找尋風水寶地，有天天氣炎熱，一路走山路，已經是氣喘吁吁，口乾舌燥，就向附近的人家討杯水喝。這家老太太端了杯熱水給他，上面加了一把米糠。這位風水師怒火中燒，認為這位老太太故意在整他，但也只能無奈地一邊吹米糠、一邊喝熱水，同時心中也盤算著要如何報復。

喝完水後，他就跟老太太說，我是風水師，感謝您的水，沒有什麼可以報答您的，我幫您找塊風水寶地，您將來葬在那裏，可以讓子孫綿延，富貴亨通。於是他就故意量測了一塊絕地給老太太，謊稱是風水寶地。

十幾年後，他因為某機緣路過此地，回想起先前老太太的事，想驗證一下老太太葬在絕地後，子孫敗家絕後的狀況如何。想不到那個地方居然座落一座豪宅，於是那位風水師向豪宅主人表明身分，打聽老太太後人的狀況。結果豪宅的主人，正是老太太的孫子。他感謝地說：「我奶奶交代要依據風水師您指示的位置埋葬，下葬不久，我們家就開始發達。」風水師很納悶，這明明是絕地，怎麼可能會發達。再去勘察了一下墓址，居然真的變成風水寶地的格局。

他詢問了老太太的孫子，這塊地發生了什麼事，老太太的孫子說：「自從風水師離開後，這裡發生狂風暴雨、電閃雷鳴、山洪暴發，也造成了山川移位，改變了原有的格局。」這讓風水師聽得瞠目結舌，就詢問說：「當初我向您的奶奶要水喝的時候，為什麼她要給我熱水，甚至在上面還要撒米糠？」老太太的孫子說：「因為先生您一路跋涉，氣喘吁吁，如果給您冷水，猛然一口喝下，不但會嗆到，而且未來會落下病根。因此給您熱水，再放點米糠，目的就是要讓您慢慢喝，才不會傷著您的身體。」

至此，風水先生一邊慚愧懺悔自己心量狹小而做出歹毒之事，一方面也慨歎「福人居福地」。有福之人，竟然能影響天地造化，可以把原本的絕地變成福地。因此有福的人，到了那裡，那裡就成為福地。

另一則風水小故事，有一位長者請風水師來看風水，但風水師來時，這位長者阻止風水師到後院勘察。正當風水師納悶時，長者解釋說：「後院山坡是我家果園，我剛剛看到有七、八隻鳥兒突然飛起，一定是鄰居的孩子正在偷摘水果。如果此時我們走過去，恐怕孩子一緊張，會跌下來受傷。就先讓孩子們摘一會兒，我們在外邊先看看別的地方。」風水先生向長者恭敬地說：「老先生，您這樣仁慈善良的人，根本不用看風水。您在那裡，那裡就是好風水！這正是福人居福地。」

這幾個故事，都是在告訴我們「福地福人居，福人居福地。」外境會隨著心念而改變。心念奸惡之人，就算有好的風水寶地，最後的結果是風水寶地變成了抄家滅族的凶地。而老太太善良體貼的心，讓原本會絕子絕孫的絕地，經歷了狂風暴雨、電閃雷鳴、山洪暴發、山川移位，變成了風水寶地。一樣的山川移位，但卻是兩極化的結果，這就是因為心念的不同，所導致的結果不同。

從這幾個風水故事，是不是讓我們更清楚知道，唯有有福的人，才能住在福地。真正相信風水的人，一定會用心修持，相信因果的。

三、對家中煞氣的逆向思考

對家中內外格局所產生的煞氣，除了要做調整化解外，我們也要做一番「逆向思考」。那要思考什麼呢？

風水學上說「相宅如相人」，試想房子千萬間，為什麼我們會選到這間房子，到底是房子的穿堂風導致我漏財破財，還是因為自己花錢不節制，沒有規劃，才吸引到了這個具有穿堂風的房子。為什麼別人不喜歡這間房子，而我卻很喜歡，這是磁場相應的關係。是我們自身的磁場，吸引到這間房子。換句話說，不是這間房子吸引我，而是因為我的磁場吸引了這間房子。這就是「同聲相應，同氣相求」的原理。

因為心生法界的緣故，外界種種顯相，其實也反應了內心的種種心相。受到個人的磁場吸引，由內心世界投射在外，所產生的外在顯像。就如同看面相、手相一樣，為什麼一個人會有這樣的面相和手相，而為什麼命相先生看了一個人的面相和手相後，就可以推算出這個人的命中會發生何

事。因為它有軌跡可循，重點是如何解讀訊息。

三十歲過後，人要為自己的面相負責。一個人也許本來外表不是長得俊美，但通過自身用心修為及讀書，可以讓自己氣宇軒昂、氣度恢弘，或者文質彬彬，有書卷氣。先天不足，可以透過後天的努力，產生轉化。

「相宅如相人」，家中格局或陳設，經由理氣分析推算，就如同《易經》種種卦象的顯現，會帶出一連串的訊息，可以推論出會有什麼事情發生。

有些房子的格局，就是會造成財散人不聚，不但無法聚財，家中成員在家也待不住，老想往外跑。這是因為這個家的磁場不適合他們的緣故，如果他們運氣較好的話，就會搬離這間房子，去住在適合他們磁場的房子。而留下來的人，就是屬於運氣較差，或身體狀況不佳的人。

所以除了要調整外在的格局磁場外，也必須調整內在的風水磁場，也就是自己的個性、人格特質。人有業性和慣性，如果不從內在調整好，雖然外在的風水調整過了，不久之後，同樣的狀況又會再產生。就如同一個不喜歡打掃環境衛生整潔的人一樣，今天我們好不容易幫他把家中打掃過一遍了，但因為這個人壞習慣不改，還是到處亂丟亂擺，不久之後，家裡又是一團亂了。

如何從外環境的煞氣來思索調整內環境呢？譬如看到了尖角沖射的煞氣，要反省我的個性是不是很尖銳；看到壁刀煞、門口煞，要反省我是不是很愛和人吵架爭論，常常盛氣凌人，得理不饒人；看到穿堂風、開門見膳，要反省我是不是花錢不知節制。

透過不斷地自我省思、淨化自己，才能將自身及居家磁場，做個徹底地改善。不然的話，就算是一時住進了風水寶地的好房子，也會生出變故，住不長久。《易經》說：「德不配位，必有災殃。」說的就是如此，沒有德行的人位居高位，必定會產生災禍。而沒有福氣的人，住進福地，也是無福消受。

四、境隨心轉

人活在天地之間，受到陰陽五行的影響，環境的好壞對人的影響極大，但人的心念好壞，也能影響外在的環境磁場。

一般的凡夫眾生都是「心隨境轉」，很容易受到外在環境的影響。而修行精深者，雖然住在較差的風水環境中，但因為每天修行、持咒，或是禱告，磁場也會漸漸轉化，轉化為乾淨的氣場，將負面能量，轉化為正面的高能量。這就是「相由心生、境隨心轉」的道理。

美國的大衛·霍金斯 (David Hawkins) 經過二十多年的研究，將人的能量數據化。他發現很多人會生病的原因，是因為沒有愛，而且內心充滿痛苦和沮喪。振動頻率低於 200 的人，就容易得病。而振動頻率高的人，能常保持安詳、寧靜和喜悅的狀態，能量可達到 600。而達到開悟正覺的人，振動頻率能量高達 700-1000。當能量很高的人出現時，他 (她) 的磁場會帶動在場的人感到美好祥和。大衛有次測量德雷莎修女的能量時，發現當德雷莎修女走進屋子的那一刻，在場的人都感到幸福祥和，她的出現使在場的人，放下了雜念和怨恨。

他的研究顯示大多數的人類生命能量尺度在 200 以下，唯有透過真誠、善良、寬容，能量才能提升。

這個研究讓人非常震撼，因為一般人活在陰陽五行中，如果沒有修持戒定慧的功夫，受到外環境的影響還是很大，大都「心隨境轉」，因此才需要借助風水的調理，來調整平衡磁場。但我們還是要用心學習淨化內心的磁場，陶冶性情，學習溫柔敦厚，只有厚德才能載物，而能「境隨心轉」。

拾貳

結語

拾貳、結語

風水上的調整，盡量做到趨吉避凶，但沒有一百分的風水，太過求全求備，在人事上也未必圓滿，所謂水至清則無魚。其實有時候可以接受人生中的不圓滿，不順遂，也才能淬鍊出人生的智慧。在生活中才能心胸豁達，能體恤別人的難處，珍惜自己的擁有。

要調整風水磁場，委託人也需要與風水師配合。委託人和風水師之間是一場緣分，能互相信賴，各盡本分，才能達到最佳結果。

中醫師治療患者時，醫師只是扮演一個幫助者的角色，透過自身的專業，調理患者身體的氣機，促進氣血循環，加速自我修復。但患者也要配合醫生的囑咐，做自我鍛鍊或服藥等家庭作業來配合，如此才能達到最好的效果。但如果病人自身元氣嚴重不足，再加上無法配合醫生的要求，做自我復健等等的調理，效果自然不彰。

同理，調理風水只是針對該房屋的現況，做最好的調整，並非萬能。就如同針灸師在幫病人調氣一樣，調理患者的臟腑功能後，讓患者的正氣能做自我修復。病人的氣如果不是太弱的話，經過好的調理，通常就能夠達到良好的效果。

風水上的調理，應該要按部就班，一步一步，如果又想催財、催桃花，又想化煞，什麼都想調，效果自然相對不彰。就如同患者來找筆者治療時，筆者會告訴患者，針灸是調動你身上的能量，來治你自己的疾病。當你身上的能量不足時，要先將能量調動到調整主要問題上，這稱作「藥專則力雄」。

風水趨吉的重點，是在一個字—「催」，不管是催財、催桃花，但重點是只能就這個房子目前的現況，做相對較佳的調整。有些房子先天不足，前無開闊明堂，後無玄武依靠，或存在其他嚴重的煞氣問題，調整的空間會相對受限。

另外，跟居住的人也有關係，所謂天地人三才，在人的問題上面，住在該屋的人命格如何，是否能自我修持，平日願意行善布施，且能自我觀照反省，懂得體恤及善待他人，這也是很大的關鍵。

不然就算是財來了，桃花來了，也是無「福」消受。

在風水調理的過程中，如果委託人不做配合，效果肯定會受限。委託人的心態很重要，千萬不能想說我買了一幅一萬元的畫掛在那裡，就能讓我賺十萬元。也不要一直想我很缺錢，想透過旁門左道快速有錢。

人很容易忘了要知足，忘了要感恩自己的擁有，很難專注於當下，精神上常常處於焦慮的狀態，總是覺得自己有種欠缺些什麼的感覺，缺這個缺那個，一輩子都在匱乏擔心中度過。

根據吸引力法則，心放在那裡，就會吸引什麼事物，放在不斷地擔心，就代表心力都集中在擔心，如果每天都很努力地在練習擔心，當然就會吸引很多事來讓我們擔心。每天都想著我缺錢，等於是向宇宙宣告這個訊息，結果是宇宙就回應及強化了缺錢的這個能量，最後就是得到繼續缺錢的結果。

當然這不是一味樂觀地相信什麼都不用做，一切都會變好。人事上該努力的要努力，該調整的要調整，該學習的要學習。但重點是，心念上的不執著。要達到「應無所住而生其心」，這是大修行者的境界。但我們可以先來練習知足、惜福、感恩。知足才能常樂，惜福、感恩才能廣結善緣、廣積福德，這樣才能真正的「趨吉避凶」。

我們要不斷地提升心靈層次，常懷感恩的心，感恩上天賜福，感恩諸佛菩薩和聖靈的護持。不執著地行善布施，用心淨化自己的內心，才能真正的福人居福地。不管身在何處，都會成為可以讓我們安身立命、趨吉避凶的風水寶地。

王老師聯繫方式：

電話：64-220622155（紐西蘭）

Email：eric_acupuncture@yahoo.com.tw

國家圖書館出版品預行編目資料

學風水一本就上手／王信宜著.
——第一版——臺北市：知青頻道出版；
紅螞蟻圖書發行，2020.10
面　；　公分——(Easy Quick；168)
ISBN 978-986-488-210-6（平裝）

1.相宅

294.1　　　　109013605

Easy Quick 168

學風水一本就上手

作　　者／王信宜
發 行 人／賴秀珍
總 編 輯／何南輝
校　　對／周英嬌、王信宜
美術構成／沙海潛行
封面設計／引子設計
出　　版／知青頻道出版有限公司
發　　行／紅螞蟻圖書有限公司
地　　址／台北市內湖區舊宗路二段121巷19號（紅螞蟻資訊大樓）
網　　站／www.e-redant.com
郵撥帳號／1604621-1　紅螞蟻圖書有限公司
電　　話／(02)2795-3656（代表號）
傳　　真／(02)2795-4100
登 記 證／局版北市業字第796號
法律顧問／許晏賓律師
印 刷 廠／卡樂彩色製版印刷有限公司
出版日期／2020年10月　第一版第一刷

定價 320 元　港幣 107 元

ISBN 978-986-488-210-6　　Printed in Taiwan